脑瘫儿童沟通能力康复训练手册

国家出版基金项目
0~6岁残疾儿童沟通能力康复训练手册

香港复康会

世界卫生组织（WHO）康复协作中心 著
香港复康会·中山大学出版社本丛书项目组 编译

中山大学出版社
·广州·

版权所有　翻印必究

图书在版编目（CIP）数据

脑瘫儿童沟通能力康复训练手册/世界卫生组织（WHO）康复协作中心著；香港复康会，中山大学出版社本丛书项目组编译. —广州：中山大学出版社，2015.3

（0～6岁残疾儿童沟通能力康复训练手册）

ISBN 978-7-306-05184-4

Ⅰ.①脑… Ⅱ.①世…②香…③中… Ⅲ.①小儿疾病—脑病—偏瘫—语言障碍—教育康复—手册 Ⅳ.①G764-62

中国版本图书馆 CIP 数据核字（2015）第 024689 号

出 版 人：	徐　劲
策划编辑：	葛　洪　熊锡源
责任编辑：	葛　洪　熊锡源
封面设计：	邓传志
责任校对：	杨文泉
责任技编：	黄少伟
出版发行：	中山大学出版社
电　　话：	编辑部 020-84110283，84111996，84111997，84113349
	发行部 020-84111998，84111981，84111160
地　　址：	广州市新港西路135号
邮　　编：	510275　　传　真：020-84036565
网　　址：	http://www.zsup.com.cn　　E-mail: zdcbs@mail.sysu.edu.cn
印 刷 者：	虎彩印艺股份有限公司
规　　格：	787mm×1092mm　1/16　14.25 印张　248 千字
版次印次：	2015 年 3 月第 1 版　2020 年 1 月第 4 次印刷
定　　价：	27.00 元

如发现本书因印装质量影响阅读，请与出版社发行部联系调换

摘　　要

　　这套手册主要是给为沟通困难的孩子及家长提供服务的中层康复工作人员而撰写的，但相信亦适合医疗及教育工作者。

　　手册内容包括沟通的基本资料，如正常发育及早期的识别；此外，亦有全面阐述评估及展示如何厘定目标的章节。接下来的章节详细地解释了5类常见沟通困难的成因，分别为智力障碍、脑瘫、听力损伤、多重残疾及其他特殊的情况。以上每个章节包含评估的例子及目标的厘定，还有给家长及工作人员的意见及教学提议。

　　此外，还有详细地解释游戏重要性的章节，亦有提供在日常生活情景中增进沟通技巧的内容。最后的章节分别讲述如何进行小组活动及与教育联合。

　　出版此套手册的目的是希望能为康复工作人员提供可参考及实用的资料，提高他们的服务水准，从而改善孩子的生活质量。

前　言

以下内容摘自原著 Dr. Enrico Pupiln（Rehabilitation Unit，WHO）的序及 Dr. Timothy Stamps（Minister of Health，Zimbabwe）的前言。

此套手册在津巴布韦的医疗部门支持下，由工作于当地的两位言语治疗师 Helen House 及 Jenny Morris 撰写。世界卫生组织安排专家对资料进行审阅，务求令内容达至国际水准。参与审阅的专家包括瑞典 Handicap Institute 的 Ms M. Lundman；University of Manchester 的 Ms J Warner，Ms J Marshall；World Federation for the Deaf 的 Ms Liise Kauppinen；International Federation of Hard of Hearing 的 Dr. Mark Ross；前世界卫生组织复康组人员 Dr. Ann Goerdt。此手册由世界卫生组织及联合国儿童基金会共同制作及派发，并且得到 Swedish International Development Cooperation 的支持。

津巴布韦医疗部门 Dr. Timothy Stamps 之补充：

津巴布韦于 1989 年进行了一次全国性残疾人口普查，结果显示，超过 50% 的残疾儿童有沟通困难。然而，在此方面的康复服务非常匮乏。沟通困难是常被人误解的残疾现象，故在世界各地往往被人所忽略。有关沟通的训练是近年才被重视起来的。

此套手册由两位于津巴布韦工作的合资格言语治疗师撰写，内容建基于他们过往 4 年于 Children's Rehabilitation Unit of Harare Hospital 培训复康技师及在城乡与残疾孩子及家长工作的经验。我们希望其他国家的康复工作人员能得到此套手册，并且从中获益。

作者自述

此套手册内容建基于过往数年于津巴布韦的工作经验,出版之目的是希望在协助有沟通困难的孩子的工作上提供实用的指引。

手册内容强调,最佳训练有沟通困难的孩子的时机是当孩子的年龄在6岁以下时。所有愿意协助有沟通困难的孩子的人均有能力帮助该孩子。对孩子来说,最重要的是家人的帮助及社区的支持,但医疗及教育部门人员的理解亦是相当关键的。此套手册的目的是就以下范畴提供建议:

■ 改善孩子的沟通能力;

■ 多方面的沟通方法;

■ 协助父母替孩子发展沟通能力;

■ 联系其他参与协助有沟通困难的孩子的人员。

我们的最终目标是改善孩子的生活质量。

沟通是人类的基本需要。

通过沟通我们可以表达自己,包括我们的信念、我们的想法及我们的意见。每一个人的沟通方法都是不同的。通过沟通,我们能与他人建立友谊与关系,并且成为有价值的社交个体。

序　言

2006年联合国大会通过和发布了《残疾人权利公约》。该公约明确地提出了残疾儿童"适应性训练"（habilitation）的概念，倡导要协助由于先天残疾或在儿童早期获得的残疾而致功能障碍的残疾儿童得到适应性训练的服务，以改善其功能，其中也包括残疾儿童语言沟通能力的康复训练。

沟通能力包括口头语言交流沟通的能力、姿势和表情语言交流沟通的能力，以及利用辅助器具和手段进行交流沟通的能力。

对语言沟通能力障碍的儿童及早进行康复训练极其重要，理由如下：

● 沟通能力的发育从一出生后便开始了，而出生后头几年，正是沟通和语言能力发展最快的时期，在此期间进行积极而有效的语言沟通能力的训练，能取得较好的效果。

● 儿童语言沟通能力和水平，对儿童心理精神状态的发展、学习能力和职业技能的培养、家庭和人际关系的培育，以及个人独立生活和融入社会，都有着极其重要的影响。因此，抓紧残疾儿童语言沟通能力的训练，是促进他们日后全面发展的一个策略。

正因如此，国内外康复界和教育界都很重视推广普及有关残疾儿童语言沟通能力的康复训练。由世界卫生组织（WHO）康复协作中心著、香港复康会以及中山大学出版社联合编译的这套"0～6岁残疾儿童沟通能力康复训练手册"，肯定将会对国内残疾儿童沟通能力的康复训练提供巨大的推力和助

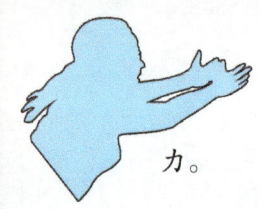

力。

这套丛书的内容和编排方式有以下几个特点：

● 重视阐述清楚残疾儿童沟通能力康复训练在原理上和方法上的共性和特性。在共性方面，讲清沟通的基本概念、沟通能力的正常发展、对沟通困难的早期识别、日常生活中沟通技能的培养；在特性上，根据造成沟通困难原因的不同，其障碍表现和康复训练方法也有其差异之处，本丛书分别对几个不同的病因，即"脑瘫""智力障碍""言语特殊困难""听力损伤""多重残疾"等引起的沟通能力障碍，分册介绍其障碍表现的不同特点，以及训练上不同的方法。

● 以社区康复服务为背景，具体介绍在社区和家庭用得上、简便易行、效果确实的残疾儿童语言沟通能力训练方法，充分利用社区环境促进康复。

● 照顾到中国的社情、民情、文化背景，本丛书在编译时，于适当的场合下，对一些案例的描述，注意到尽量贴近中国本土的情况，使读者感到更为亲切并便于理解。

作为一套有关残疾儿童康复理论与方法的实操性读物，本丛书适合于康复界（尤其残疾儿童康复界）人士、特殊教育教师、有关家长、保育人士以及社区康复工作者参阅使用。我衷心祝贺本丛书成功地出版发行，并造福于有沟通能力困难的残疾儿童和他们的家长。

中山大学附属第一医院康复医学教授

（世界卫生组织康复协作中心主任）

卓大宏

2014 年 12 月 22 日

目　录

第 1 章　脑瘫及其成因 ……………………………………………………… 001
 第 1 节　脑瘫 …………………………………………………………… 001
  一、脑瘫的症状表现 ……………………………………………… 002
  二、脑瘫与沟通障碍 ……………………………………………… 002
  三、对脑瘫孩子的期望 …………………………………………… 003
  四、对于由脑瘫造成沟通困难孩子的目标 ……………………… 004
 第 2 节　脑瘫的成因 …………………………………………………… 004
  一、造成脑瘫的常见原因 ………………………………………… 004
  二、脑瘫如何影响人的肌肉 ……………………………………… 005
  三、有关脑瘫的知识 ……………………………………………… 006
  四、脑瘫儿童沟通能力的培养 …………………………………… 007

第 2 章　沟通能力概述 ……………………………………………………… 009
 第 1 节　什么是沟通 …………………………………………………… 009
  一、沟通的基本概念 ……………………………………………… 009
  二、沟通循环 ……………………………………………………… 011
  三、信息媒介 ……………………………………………………… 012
  四、沟通需要记住的重点 ………………………………………… 017
 第 2 节　沟通能力的正常发展 ………………………………………… 017
  一、"健康之路"表 ……………………………………………… 018
  二、"健康之路"表中涉及的正常沟通能力 …………………… 020
  三、"沟通房子" ………………………………………………… 020
  四、沟通能力的发展 ……………………………………………… 021
  五、孩子如何学习沟通所需要的能力 …………………………… 022
  六、关于沟通正常发展需要记住的重点 ………………………… 022
 第 3 节　对沟通困难的早期识别 ……………………………………… 023
  一、为什么早期识别孩子的沟通困难很重要 …………………… 023
  二、我们应该注意什么 …………………………………………… 024
  三、孩子沟通困难的原因 ………………………………………… 024
  四、关于导致孩子沟通困难的原因需要记住的重点 …………… 029
 第 4 节　脑瘫儿童的沟通能力问题 …………………………………… 029

一、脑瘫兼智力障碍儿童沟通循环存在的问题 ……………………… 029
　　二、脑瘫（但没有智力障碍）儿童的沟通循环问题 ……………… 031

第3章　评估 ……………………………………………………………… 033
第1节　沟通能力评估 ………………………………………………… 033
　　一、什么是沟通能力评估 …………………………………………… 033
　　二、评估前的准备 …………………………………………………… 034
　　三、评估表 …………………………………………………………… 036
　　四、评估表样本 ……………………………………………………… 041
　　五、关于评估需要记住的重点 ……………………………………… 046
第2节　脑瘫儿童沟通能力评估 ……………………………………… 047
　　一、没有其他困难的脑瘫儿童评估表 ……………………………… 047
　　二、没有其他困难但不能用语言沟通的脑瘫儿童评估 …………… 050
　　三、伴有其他问题的脑瘫儿童沟通能力评估 ……………………… 053
　　四、脑瘫儿童沟通能力评估结果比对 ……………………………… 055

第4章　为脑瘫儿童制订目标计划 ……………………………………… 057
第1节　目标计划的制订 ……………………………………………… 057
　　一、目标计划的基本概念 …………………………………………… 057
　　二、制订目标计划指南 ……………………………………………… 059
第2节　目标计划书的填写 …………………………………………… 059
　　一、目标计划书格式 ………………………………………………… 059
　　二、目标计划书样本——John Muponda 的案例 …………………… 060
第3节　与父母沟通 …………………………………………………… 061
　　一、与父母沟通要考虑的问题 ……………………………………… 061
　　二、教导父母执行活动的指南 ……………………………………… 062
　　三、与父母沟通要注意的问题 ……………………………………… 062
　　四、回顾孩子的进步 ………………………………………………… 063
　　五、关于目标计划需要记住的重点 ………………………………… 064
第4节　为脑瘫儿童沟通能力康复制订目标计划 …………………… 064
　　一、制订沟通能力康复计划要因人而异 …………………………… 064
　　二、小童的沟通能力康复计划 ……………………………………… 066
　　三、小军的沟通能力康复计划 ……………………………………… 067
　　四、莎莎的沟通能力康复计划 ……………………………………… 068

第5章　改善沟通能力的活动方法 ……………………………… 071
第1节　沟通能力要素 …………………………………………… 071
一、沟通能力各要素 …………………………………………… 071
二、优先考虑的沟通能力 ……………………………………… 072
第2节　针对注意力的活动方法 ………………………………… 073
第3节　针对听力的活动方法 …………………………………… 076
第4节　针对轮流互动和模仿能力的活动方法 ………………… 079
第5节　针对游戏能力的活动方法 ……………………………… 082
第6节　针对理解能力的活动方法 ……………………………… 085
第7节　针对手势的活动方法 …………………………………… 088
一、什么是手势 ………………………………………………… 088
二、手势与手语的不同 ………………………………………… 088
三、不同年龄段儿童手势能力的培养 ………………………… 088
第8节　针对言语能力的活动方法 ……………………………… 091
第9节　活动方法使用指南 ……………………………………… 094

第6章　脑瘫儿童沟通能力康复训练 …………………………… 095
第1节　与脑瘫儿童沟通需要注意的要点 ……………………… 095
第2节　与脑瘫儿童沟通需要尽量使用各种交际手段 ………… 097
一、让脑瘫儿童联合使用各种方法进行沟通 ………………… 097
二、不同沟通/交际工具的优缺点 …………………………… 098
三、选择一种沟通/交际工具 ………………………………… 100
第3节　口头语言和书面语言 …………………………………… 101
一、学习口头语言的注意事项 ………………………………… 101
二、哪些儿童不适合培养口头语言 …………………………… 102
三、帮助发展口头语言的活动 ………………………………… 102
第4节　手势语言 ………………………………………………… 105
一、手语/手势语言学习注意事项 …………………………… 105
二、帮助使用手势的活动 ……………………………………… 106
三、帮助使用手势的更多活动 ………………………………… 107
第5节　图片符号 ………………………………………………… 108
一、使用图片符号要注意的事项 ……………………………… 108
二、哪些儿童不宜使用图片 …………………………………… 108
三、帮助使用图片语言的活动 ………………………………… 109
第6节　沟通卡片 ………………………………………………… 111
一、什么是沟通卡片 …………………………………………… 112

二、沟通卡片的制作 …………………………………… 112
　　三、一些现成的卡片 …………………………………… 114
　　四、使用书面语言沟通 ………………………………… 115
第7节　小结 ………………………………………………… 116
　　一、选择最适合孩子的沟通方法 ……………………… 116
　　二、关于用一切方法来沟通需要记住的重点 ………… 116

第7章　脑瘫儿童的饮食与营养 …………………………… 119
第1节　如何给脑瘫孩子喂食 ……………………………… 119
　　一、一个妈妈的故事 …………………………………… 119
　　二、喂食治疗 …………………………………………… 120
　　三、吃饭与语言能力的关系 …………………………… 120
　　四、关于体位的知识 …………………………………… 122
　　五、喂食困难及解决办法 ……………………………… 123
第2节　营养 ………………………………………………… 126
　　一、关于营养的知识 …………………………………… 126
　　二、制作营养食物的方法 ……………………………… 127
　　三、更多关于营养的知识 ……………………………… 127
　　四、小结 ………………………………………………… 128

第8章　运用游戏培养孩子的沟通能力 …………………… 129
第1节　游戏及其种类 ……………………………………… 129
　　一、游戏的内涵 ………………………………………… 129
　　二、游戏的类型 ………………………………………… 131
　　三、探索性游戏 ………………………………………… 131
　　四、运动性游戏 ………………………………………… 132
　　五、操作性游戏 ………………………………………… 133
　　六、社交性游戏 ………………………………………… 134
　　七、假想性游戏 ………………………………………… 135
　　八、解决问题和思考类游戏 …………………………… 136
　　九、不同类型的游戏对培养孩子沟通能力的作用 …… 137
第2节　如何利用游戏发展孩子的沟通能力 ……………… 138
　　一、游戏有助于培养孩子的沟通能力 ………………… 138
　　二、游戏前的准备 ……………………………………… 140
　　三、和孩子游戏的注意事项 …………………………… 141
　　四、与残疾儿童一起做游戏的相关问题 ……………… 144

五、关于游戏需要记住的重点 ………………………………… 146
　第3节　制作和使用玩具 ……………………………………………… 147
　　　一、游戏与玩具 …………………………………………………… 147
　　　二、自己动手制作玩具 …………………………………………… 147
　　　三、在小组里制作玩具 …………………………………………… 155
　　　四、关于玩具需要记住的重点 …………………………………… 155

第9章　日常生活中的沟通能力与语言能力的培养 ……………… 157
　第1节　日常生活中的沟通 …………………………………………… 157
　　　一、什么是日常生活情景 ………………………………………… 158
　　　二、孩子在日常生活情景中可以学习什么 …………………… 158
　　　三、为什么日常生活情景对教学很重要 ……………………… 159
　　　四、在日常生活情景中学习沟通的重要原则 ………………… 159
　　　五、在日常生活情景中培养儿童沟通能力的关键点 ………… 161
　　　六、小结 …………………………………………………………… 161
　第2节　儿童语言能力的培养 ………………………………………… 162
　　　一、单词学习基本知识 …………………………………………… 162
　　　二、日常生活情景与单词学习 …………………………………… 168
　　　三、关于学习单词需要记住的重点 ……………………………… 172

第10章　家庭互助与学校教育 ……………………………………… 173
　第1节　家庭互助 ……………………………………………………… 173
　　　一、与家庭互助小组相关的问题 ………………………………… 174
　　　二、如何举办家庭互助小组的活动 ……………………………… 176
　　　三、家庭互助小组活动案例 ……………………………………… 179
　　　四、小组活动报告的撰写 ………………………………………… 183
　　　五、关于家长参与小组活动时需要记住的要点 ……………… 183
　第2节　脑瘫儿童与基础教育 ………………………………………… 184
　　　一、脑瘫儿童上幼儿园 …………………………………………… 184
　　　二、脑瘫儿童上小学 ……………………………………………… 194
　　　三、小培上学的故事 ……………………………………………… 203
　　　四、关于残疾儿童上学问题的小结 ……………………………… 204

结语 …………………………………………………………………… 205
编后记 ………………………………………………………………… 207
附录：香港复康会简介 ……………………………………………… 210

第1章　脑瘫及其成因

第1节　脑　瘫

【家长感言】

　　由于林林不能自己坐起来行走、交谈，所以别人经常认为她有智力障碍，当你对她说话的时候，她也不能理解。但事实不是这样的。林林的理解能力就像其他同龄的孩子一样，只是她不能轻易地表达自己。但是如果你仔细观察她的脸、眼睛和动作，你就会发现她的确明白你在说什么。

——林林的家长

　　你知道，对于我和我的家庭来说，理解并接受小芬有脑瘫是非常困难的。我去康复中心遇到其他家长，他们的孩子和小芬一样有相同的问题。这对我帮助很大，我开始认识到我们并不是唯一的有脑瘫孩子的家长，而小芬有脑瘫也不是我妻子的过错。随着时间的推移，我开始像爱我的其他孩子一样爱小芬，她每天都教给我一些新的东西。

——小芬的爸爸

　　因为我觉得很对不起军军，所以就习惯了为他做所有的事。我总是很不忍心站在一旁看他自己费力地吃饭、洗澡或穿衣服。但是，问题是他8岁的时候我还在替他做每一件事，而事实上如果他尝试，他是可以自己做一些事的。最终我被说服让他尝试，现在他能为自己做许多事了——可以自己吃饭、自己洗澡、自己上厕所。我现在意识到，我应该早一点开始教他为自己做这些事——那么无论是对他还是我，生活都会更容易些。

——军军的家长

　　我现在很高兴，因为小蕾可以告诉我她想玩什么、想吃什么、想喝什么以及什么时候需要上厕所等。虽然她说话有了些进步，但我还是不太容易明

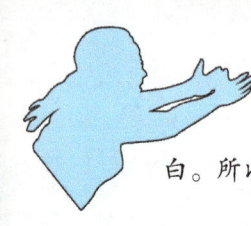

白。所以，多亏有了"沟通表"，她现在才可以告诉我这么多的事。

——小蕾的家长

一、脑瘫的症状表现

- 一个孩子由于大脑损伤而出现运动和体位困难时，我们称之为脑瘫；
- 有时，只有大脑控制运动的部分——运动中枢受损，该中枢控制身体所有肌肉的运动；
- 有时，大脑的其他部分也会受损则孩子除了有运动困难外，可能还有学习、理解、行为、听力和视力方面的困难；
- 许多脑瘫孩子只有大脑的运动中枢受损，这意味着他们的智力和理解能力不会受到影响。另外一些孩子则大脑运动中枢和其他部分都受损；
- 造成脑瘫的脑部损伤不会有好转，也不会恶化。
- 但是，根据孩子是否能尽早得到帮助以及帮助的种类，孩子的运动能力、身体姿势、学习能力和理解能力等方面的问题可能会有所好转或恶化；
- 脑瘫有不同的类型和程度，无论是哪种类型的脑瘫，孩子尽可能早地得到帮助是最重要的，并且他们的问题也更有可能得到改善。

二、脑瘫与沟通障碍

患有脑瘫的孩子，他们控制身体所有肌肉活动的运动中枢已经受到损坏。那么，这对他们的沟通造成了哪些可能的影响呢？

- 所有的脑瘫孩子都有运动困难，其中很多也有沟通困难——本书中我们要重点讨论沟通困难问题——记住，我们不能脱离孩子的身体能力而孤立地看沟通；
- 这是因为孩子身体的各个部分不能彼此分离而单独运动——身体是整体运动的——如果孩子的体位正确，做所有的运动对他都会变得容易些；
- 孩子的运动能力和使用言语、手势、身体语言等进行沟通的能力是联系在一起的，不应该被分别看待，所以，在我们开始考虑孩子的沟通问题之前，我们必须先考虑他的体位；
- 由于脑瘫孩子有运动和体位方面的困难，他们很可能也会有日常生活活动方面的困难，比如洗澡、穿衣、吃饭以及照顾自己的如厕需要；
- 在帮助孩子各方面的日常生活活动时，使他们尽可能地独立是非常重

要的。

要了解更多关于吃饭、洗澡、穿衣和如厕的方法。记住,你可以调整这些方法来配合孩子的身体能力。

通常的疑问是,如果脑瘫孩子永远没有可能好转,那还值得我们在他身上花时间吗?

当然了,记得我们说过——脑瘫不能被治愈,所以无论从哪个方面来看,孩子都是不会有"好转"的。但脑瘫孩子可以学习很多技能,因而从这个方面来看,我们又可以说他会有"好转"。所以你看,孩子需要所有他可以得到的帮助,才能学习并充分发挥他的潜能。

三、对脑瘫孩子的期望

记住,我们必须帮助残疾孩子尽他所能地获得进步。如果我们对他期待得越多,他就有可能获得越多的进步;如果我们对他期待得越少,他就可能得不到多少进步。所以你看,我们对孩子的期待是极其重要的——你的期待应该是积极的和务实的。

脑瘫孩子可以获得多大的进步,这取决于他的运动受影响的严重程度及他是否有伴随脑瘫的智力障碍。如果是这种情况,他的运动和学习能力会受到影响,而他能获得的进步多少也会受到些限制。

脑瘫孩子应该可以:

- 用一些方法表达他的需要;
- 在洗澡、穿衣、吃饭和一般的自我照顾活动上,尽身体所能地学习独立;
- 根据身体和学习能力,帮助做些家务——作为家庭和社会的一分子,他们理当受到重视;
- 上学能满足他的身体和学习的需要;
- 拥有和社会上其他孩子和成人相处的机会;
- 根据自己的能力完成一些工作。

脑瘫孩子可以取得的进步,部分取决于他的身体和学习能力,部分取决于他可以获得的机会。一些孩子可能可以去特殊学校或班级读书,另外一些则不会有这个机会。但是,对于所有这些孩子,在家里与家人和朋友相处的时间都是最宝贵的学习机会。

四、对于由脑瘫造成沟通困难孩子的目标

我们的目标是：
- 改善孩子所有的沟通能力；
- 鼓励他使用所有的沟通方法；
- 给予家长支援和指导；
- 帮助孩子尽量独立；
- 为脑瘫孩子提供与其他孩子相处的机会；
- 有需要时，把孩子介绍给其他能提供专业帮助的人士/地方，例如，小学、特殊教育服务机构、医生等。

第 2 节 脑瘫的成因

一、造成脑瘫的常见原因

造成脑瘫的原因众多，但都是由大脑受损而引起的。损伤可能在出生前、出生过程中或出生后造成。以下是我们所知最常见的原因。

正常人的情况：

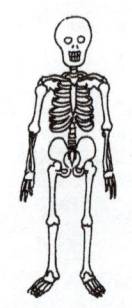
在我们的身体里有一个骨骼的框架——骨架。

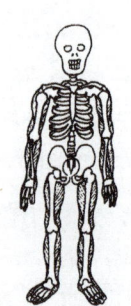
肌肉附着于所有的骨头，通过收缩和放松使身体运动。

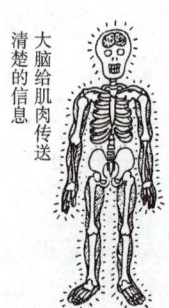
但是这些肌肉不能独自运动，它们需要指令，这些指令或信息从大脑的运动中枢经由我们称之为神经的路径传送出。

所以当一个人决定做一个动作时，大脑会做记录，然后运动中枢向肌肉发送信息告诉它们要做什么运动。

图 1-1 正常人的构成状态

现在让我们看看脑瘫孩子的情况是怎样的。

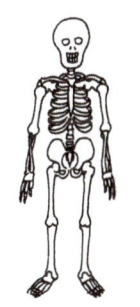
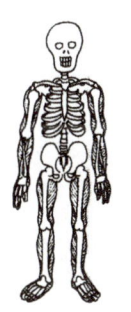
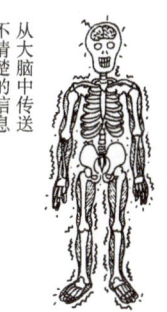
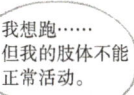
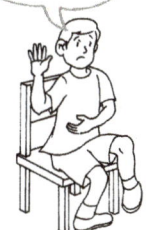

骨头或身体的骨架没有损伤。这里没有问题。

身体的肌肉没有损伤。这里没有问题。

但是当孩子有脑瘫时，大脑的运动中枢损伤就不能沿着神经发送正确的信息。

所以当一个人决定做一个动作时，虽然大脑做了记录，但运动中枢却发送一个混乱且不受控制的信息，所以他不能做出想要做的动作。这影响到身体的所有肌肉。

图1-2 脑瘫儿童的构成状态

出生前
- 在怀孕期间，妈妈受到过感染，如风疹。

出生时
- 缺氧或产伤；
- 早产有的也会造成脑瘫。

出生后
- 由感染引起的高烧；
- 由溺水或窒息造成的缺氧；
- 脑部肿瘤。

了解造成孩子脑瘫的原因，对改善其学习和运动能力有一定的帮助，但也不是特别重要。记住，无论我们是否知道导致问题的原因，我们都可以帮助孩子。最重要的是，他能尽早地得到帮助。记住——脑瘫不能被治愈，但我们却能做许多事来帮助他。

二、脑瘫如何影响人的肌肉

现在，让我们试着进一步解释脑瘫是如何影响一个人的肌肉运动的。

在我们了解了一个人如何做出他想要的动作的之后，我们就明白了这样一个道理，即脑瘫孩子不是骨头、肌肉或神经有问题，而是发送信息告诉肌肉要做什么运动的大脑运动中枢受到损伤，因而这会影响到所有的运动，包

括那些面部、嘴部、舌头和肺部的运动。

三、有关脑瘫的知识

1. 关于脑瘫的许多错误认识

- 脑瘫是恶魔造成的。
——不是！
- 所有脑瘫孩子都有智力障碍。
——不是！
- 可以强迫所有脑瘫孩子说话。
——不是！
- 脑瘫孩子可以治愈。
——不是！

2. 关于脑瘫的一些问题

- 我的孩子有脑瘫，是我的过错吗？

不是。你们的孩子有脑瘫，不是你或你丈夫的过错，也跟恶魔没有关系。全世界很多地方都有脑瘫的孩子，并且都有明确的医学原因。

- 脑瘫可以治愈吗？

目前脑瘫不能治愈。没有药物或手术可以根除脑瘫。与其设法寻找治疗方法，倒不如接受这个现实并帮助孩子去适应生活。

- 脑瘫传染吗？

不，脑瘫不传染。它不会从一个人传给另一个人。应该鼓励有脑瘫的人自由地与其他人交往。

- 谁可以帮助我的孩子？

当地的康复工作者可以给你们如何帮助孩子的建议。但是，在家人和社会的支持下最能帮助孩子的人是你们自己。作为父母，你们是最重要的人。

- 我的孩子将来会照顾自己吗？

每个脑瘫孩子都是不同的，一些孩子可以学会照顾自己，但是要想让许多在运动和学习方面问题较严重的孩子学会照顾自己就不容易了，他们需要别人的帮助。最重要的是我们要让孩子尽量地独立。

- 我的孩子可以学会讲话吗？

由于肌肉运动的问题，许多脑瘫孩子讲话很困难。一些孩子可以学得相当不错，但是另外一些在讲话时总是会有困难。应该鼓励他们联合使用言语、手势和图片来沟通。

- 我的孩子能上学吗？

每个孩子都是不同的，许多脑瘫孩子，特别是那些智力正常的孩子，上学会有好处。但是由于孩子的运动困难，使他连上一个普通的学前班也变得不容易。只有少数地方有特殊学校，所以，通常家人必须帮助孩子学习。

- 我的孩子能自力更生吗？

脑瘫的人不能经常成功地找到一份正式的工作。但是，如果给他们机会，在家里或社会上是有许多他们可以做的工作的。

这是一些人们常提的问题。可能你会有更多的问题——不要担心自己问得太多，或是想要了解更多关于脑瘫的知识。

- 医生可以帮助脑瘫孩子吗？

就像我们说过脑瘫不能被治愈一样，除非孩子有相关的医疗问题，否则医生通常不能帮助脑瘫孩子。在下述几种情况下，脑瘫儿童需要寻求医学治疗：

（1）脑瘫孩子发生痉挛时，常有的相关医学问题是癫痫——为了控制住癫痫——这些孩子必须接受医疗帮助。

（2）因为脑瘫孩子的运动和体位都有困难，因而在咳嗽的时候使用肌肉可能导致呼吸困难，这种情况应该请医生尽早治疗。

（3）脑瘫孩子吃饭有困难——这意味着他们可能无法摄入充足的食物，且可能营养不良，由此造成的任何疾病或感染都必须接受医学治疗。

（4）有时候，外科手术可以用来矫正脑瘫孩子的严重挛缩（肌肉缩短）。但是在做这种手术之前需要慎重考虑，必须寻求专家的建议。

所以请记住，医生不能治疗脑瘫，但是孩子一旦出现任何的医疗问题，却都应该寻求他们的帮助。

四、脑瘫儿童沟通能力的培养

本书重点讨论该如何培养脑瘫儿童的沟通能力。我们将先介绍有关沟通能力的一般知识，说明脑瘫儿童在沟通上存在的问题的根源是什么。然后，我们将从评估、制定目标到运用各种手段等方面，尽力给脑瘫儿童提供一套切实可行的沟通能力康复训练方案。

第 2 章　沟通能力概述

第 1 节　什么是沟通

一、沟通的基本概念

1. 沟通的概念

沟通是指人与人之间互相发送（表达）和接收（理解）信息。这个定义意味着：首先，沟通必须包括两个或更多的人，一个人无法沟通。其次，沟通活动需要用一定的媒介（主要的媒介是语言），传递（发送和接收）有意义的信息。

这些信息的表达方式（或者说媒介），主要有三大类：语言、副语言以及其他符号。

语言包括口语和书面语，也就是说、写和读出来的话。

副语言指与话语同时或单独使用的手势、身势、面部表情、对话时的位置和距离等，是我们通过声音的声调、面部表情和身体姿势等发送的信息，主要包括表情、动作、服饰。也叫肢体语言。

除语言和副语言外，人们还可以使用其他符号表示意义，如红绿灯、图片。

2. 我们为什么需要沟通

通过沟通可以表达我们的需要、感觉和想法。我们接收和发送信息，用这个方法来建立自己的特质和每个人的个性。

能够与他人沟通可以使我们控制那些发生在我们身上的事情。

能够有效地沟通是建立人际关系及融入人群的重要步骤。

3. 沟通从何时开始

当孩子在出生后发出第一声哭泣、母亲做出反应时，沟通就开始了。所以，沟通在孩子说出第一个词之前的很长一段时间便已经开始了。

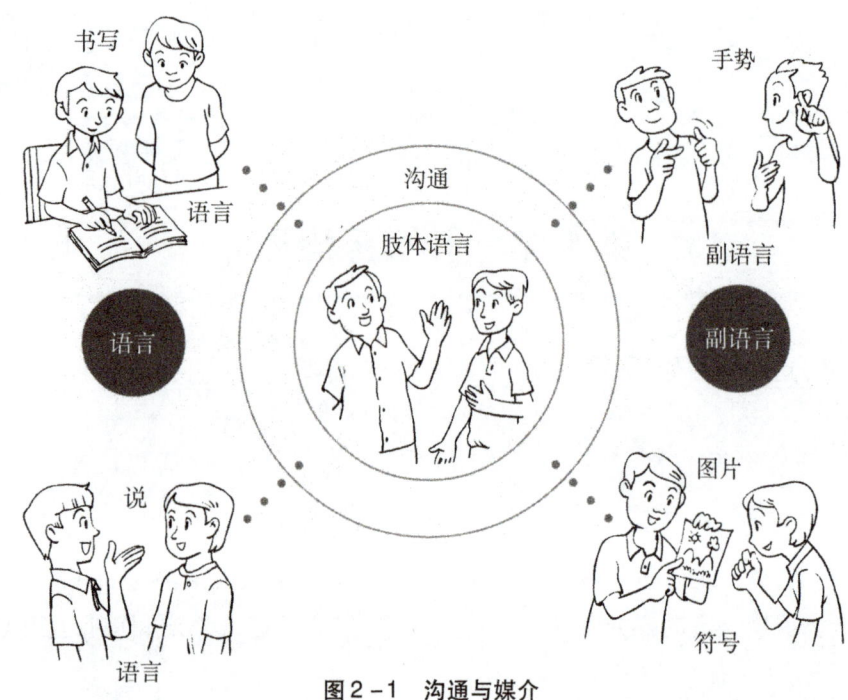

图 2-1 沟通与媒介

4. 沟通有哪些步骤

许多人认为沟通是一个简单的过程。我们很难对此多加考虑，因为对许多人来说，沟通很容易就发生了。

但是，如果我们真正地思考沟通到底包括了什么，就会惊讶地发现原来沟通的过程是很复杂的。沟通包含了如下步骤：

（1）听到或看到信息。

（2）记录听到或看到的信息。

（3）认识看到或听到的信息。

（4）理解信息的意思。

（5）决定做出反应。

（6）决定做出什么反应。

（7）选择信息的媒介——语言、副语言、符号。

（8）确定符号的顺序。

（9）发送信息，检验并纠正信息。

以上步骤可以简化为：感知信息—理解信息—做出反馈—反馈信息检验。

第 2 章 沟通能力概述

二、沟通循环

从接受信息到给予答复所涉及的各个步骤重复进行，就构成了沟通循环。沟通循环的过程可以图解如下：

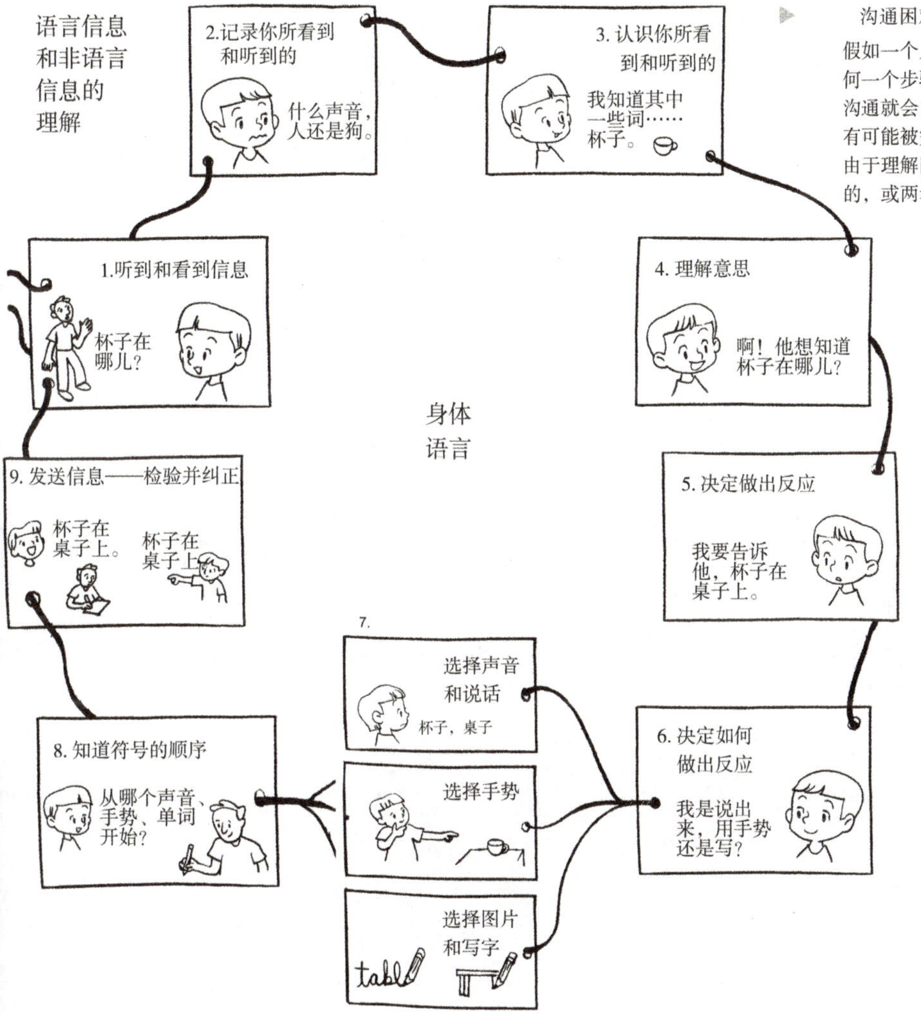

语言信息和非语言信息的理解

1. 听到和看到信息
   杯子在哪儿?
2. 记录你所看到和听到的
   什么声音，人还是狗。
3. 认识你所看到和听到的
   我知道其中一些词……杯子。
4. 理解意思
   啊！他想知道杯子在哪儿?
5. 决定做出反应
   我要告诉他，杯子在桌子上。
6. 决定如何做出反应
   我是说出来，用手势还是写?
7. 选择声音和说话
   杯子，桌子
   选择手势
   选择图片和写字
   table
8. 知道符号的顺序
   从哪个声音、手势、单词开始?
9. 发送信息——检验并纠正
   杯子在桌子上。

身体语言

沟通困难

假如一个人在沟通循环中的任何一个步骤出现困难，他学习沟通就会比较慢，沟通循环也有可能被完全打断。这可能是由于理解困难或表达困难造成的，或两者都有。

图 2-2 沟通循环

在上面的沟通循环中的任何一个步骤出现困难，孩子在学习沟通方面就会比较慢，沟通循环就可能被完全打断，这就构成了沟通困难。

沟通困难可能是因为理解困难或表达困难造成的，也可能是因为同时具有理解困难和表达困难。

三、信息媒介

沟通循环需要信息媒介，这些媒介可以把一些符号放在一起来组成其他人能够理解的、有意义的信息。而如前所说，信息媒介包括语言（单词——写的或说的）、副语言（手势、身体姿势）和其他符号（比如图片）三种。

信息媒介需要理解（沟通循环的第1~4步）和表达（第5~9步）。在沟通时，我们通过信息媒介把头脑里的信息向其他人表达出来。

我们在沟通时会联合使用所有这些语言的不同类型，但是我们通常采用一种语言方式。而口语沟通是其中最常被采用的一种，因为使用口语的效率比较高。其他的语言类型起补充的作用。然而，不是所有人都能学会使用口头语言的。所以，我们必须记住，所有类型的语言都可以用来进行有效的沟通。

图2-3 信息媒介

1. 使用信息媒介表达

我们在沟通时会联合使用所有的信息媒介，但是我们通常采用一种媒介方式。语言沟通是其中最常被采用的一种，因为使用语言的效率比较高。其他的媒介类型起补充的作用。

然而，不是所有人都能学会使用语言的，所以，我们必须记住，所有类型的媒介都可以用来进行有效地沟通。

2. 不同信息媒介所需要的工具

要使用各种不同的信息媒介，我们需要某些"工具"。

口语沟通需要使用嘴唇、舌头、硬腭、喉和肺。

书面语沟通（写/读）需要使用视觉和手控能力。

手势/身势语除了使用整个身体外，还需要有胳膊和手的控制能力。

用图片沟通，需要使用视觉和手控能力。

但是，记住——单有这些工具对信息沟通来说是不够的——我们需要的最重要的工具是理解能力和学习能力。

3. 言语

图2-4 言语

我总是认为言语和语言是同一回事，但是我后来发现它们其实是不同的。想知道为什么，请继续看……

言语是声音的产物，把这些声音按顺序放在一起就成了一个词。

沟通循环的第9步提到了言语。

口头语言是把一些词按一定的顺序放在一起而组成一个有意思的句子。

言语是口头语言所借助的工具。

口头语言在沟通循环的第9步提到了。

图2-5 口头语言

假如你还不清楚言语和口头语言之间的区别，试试这个活动：

（1）让一个与你说不同语言的朋友告诉你一个单词。

（2）在你的朋友说出后，你多次重复它。

图2-6　单词

（3）注意，你能说出这个单词，但是由于你不能理解它的含义，它对你来说就是没用的，这是一种沟通吗？

（4）现在让你的朋友告诉你这个单词的含义。

图2-7　单词的含义

（5）你看，在理解了这个词的含义后你就可以用它来沟通了。

这是语言，是沟通的基本部分。

所以你看——

教一个人在不理解单词意思的情况下重复说这个词，这不是语言，对沟通也没有用。一个人必须能够把他所听到的词与相关的思想或物品联系起来，才算是有意义的语言。

4. 副语言之肢体语言

我们已经提到过肢体语言。肢体语言包括声音的音调、姿势、面部表情及穿着风格。换句话说，就是我们在沟通时所传递的非口语信息。

无论我们是否使用口语和非口语沟通，我们每个人都使用肢体语言。

你知道吗？沟通中的主要信息是通过肢体语言发出来的。

不知道——你的意思是什么？可以解释吗？

好，来试试这个活动。

图2-8 肢体语言

你的朋友会相信你的脸，还是你的话？

所以你看，当我们说话时，人们趋向于相信我们通过肢体语言所传递的信息多于说出的信息。这恰恰说明了肢体语言在沟通和信息传递中的重要性。

肢体语言是沟通循环中必不可少的部分。假如参与发送和接收信息的两个人，任何一方没有良好的肢体语言技能，沟通循环就有被打断的危险。

拥有好的肢体语言技能，意思是指：

（1）善于倾听并感兴趣。

（2）有视线接触。

（3）轮流发送和接受信息。

（4）善于使用面部表情和声音音调。

（5）有合适的姿势。

（6）不要说得太多或太少。

5. 肢体语言的运用

现在请试试以下的这个活动，它说明了每一项肢体语言技能对成功地沟通有多重要。

选择一个朋友和你谈话，并尝试使用以下每个活动：

1. 在你的朋友对你说话时，假装不听她在说什么，并表现出没有兴趣。

2. 在朋友对你说话时，靠近她并盯着她的眼睛，凝视着她——一直盯着她看。

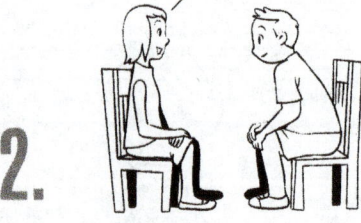

3. 在和你的朋友谈话时，你很少说话。即使轮到你说时，你还是闭着嘴。

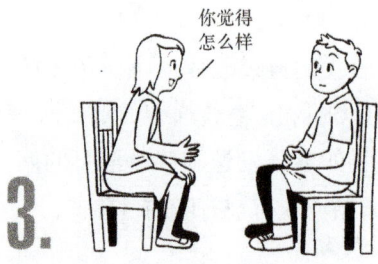

4. 用非常大的音量，单调的声音对他说。

5. 让你的朋友坐在椅子上。站在靠她非常近的地方，向下看着你的朋友，并对她说话。

6. 在和你的朋友谈话时，大部分的时间都是你在抢着说，不给她说话的机会。

图2-9　肢体语言的运用

在尝试了以上每个活动之后考虑：

在不同的情景中，你的感受如何？

在不同的情景中，你朋友的感受如何？

通过这些活动，你会发现使用劣质的肢体语言能很快破坏沟通循环。所以，尽可能有效地使用肢体语言，对于我们在沟通循环中发挥自身的作用是很重要的。

6. 有效运用肢体语言的技巧

请记住：

在其他人对你说话的时候，仔细倾听并表现出你感兴趣。

在别人对你说话时要看着他，但不要凝视。

在对话中要轮流互动——不要说得太多，也不要说得太少。

在谈话时，使用适当的面部表情和音调。

使用合适的姿势，使别人感到舒适。

在谈话中，信息发送者和接收者之间保持平衡——不要由一个人控制谈话。

四、沟通需要记住的重点

沟通在出生时就开始了。

沟通是人们之间双向交流的一个过程——它必须包括两个或更多的人。

沟通包括发送一个有意义的信息和理解所接收到的信息。

我们使用语言来沟通。

语言可以是口语或非口语的。

肢体语言是沟通必不可少的部分。

说一些不能理解的单词，对于沟通是没有帮助的。

成功的沟通必须包括许多不同的步骤。如果参与的任何一方在任何一个步骤出现困难时，沟通就会被打断。

要沟通，我们需要有沟通的人和需要沟通的内容。

第 2 节　沟通能力的正常发展

为什么了解孩子正常的沟通发育是重要的？

嗯……只有知道什么是正常的，才能知道什么是不正常的。我们只有了解了孩子所要经历的正常发育阶段,才能弄清楚他是否有问题。

很好,但是我认为每个孩子的发育速度是不同的,对吗?

对,每个孩子是不同的,孩子在不同的年龄做不同的事——例如,有的孩子在一岁时就开始说话,有的可能在一岁半时才开始说话。但是,我们却可以预计一个孩子在某个平均年龄能够开始做哪些事情。例如,我们认为一个孩子应该在两岁前能说话,如果他不会说,我们就会开始好奇为什么他还不会说话。所以,了解一个正常孩子能够获得某种能力的平均年龄对我们很重要。这样,当孩子发育迟缓,或他可能需要帮助时我们才能注意到。

一、"健康之路"表

"健康之路"表显示了孩子正常的发育速度,也包括了一些发育历程的信息。它包括发育的各个方面,而不仅仅是沟通,因为没有哪一个方面是独立发育的,各方面都是互相影响的。我们需要更详细地了解有关正常发育的知识。

表2-1 "健康之路"表

年龄	沟通	粗大运动	视觉/精细动作	日常生活活动
出生	在出生时哭。	肢体的随意运动。	可以很好地吸吮。脸颊活跃,嘴唇裹住奶头。	吸奶。
3个月	朝发出声音的方向看。对他说话时发出咕咕声和咯咯声。有视线接触。	俯卧时可抬头。坐位时头稳定。躺卧时身体能对称。	能180度地追视运动的东西。可把手放在中线。	把所有物品放进嘴里。

第 2 章　沟通能力概述

续上表

年龄	沟通	粗大运动	视觉/精细动作	日常生活活动
6个月	立即转向声音，喜欢咿呀学语，听声音。	可自己支撑着坐。	能看，伸手抓取握住玩具。	把所有物品放进嘴里。
9个月	仔细听声音。能理解"不"和"再见"。发出各种声音。	尝试爬行。坐位时可以转身。尝试拉物站起。	寻找掉落的物品。抬起小物品。能把玩具从一只手放到另一只手上。	能咀嚼固体食物。开始自己吃饭
12个月	理解单词和简单指令。咿呀学语听起来像真正的语言如："妈妈""爸爸"。	能站。可能尝试走。	能用手指远方的东西。能用两只手指抓住物品。	尝试用杯子喝水。
18个月	理解简单指令。伴随手势，可以说出一些较易理解的词。能挥手"再见"。	走得好。能蹲着玩。	喜欢图片。可以把一个物品放在另一个物品上。	可以脱简单的衣服。

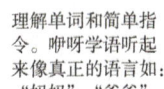  
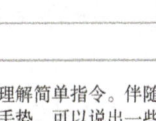 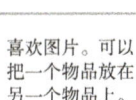 

续上表

年龄	沟通	粗大运动	视觉/精细动作	日常生活活动
3岁	能听故事。在简单的对话和游戏中能轮流参与。能说简单的句子。	能够跳。可以单腿站几秒。	能把大珠子串在一起。可以握笔模仿画圆圈和十字。	学习自己如厕。
5岁	可以很好地说出所有单词。能像成人那样说话和理解。	能单腿跳和跳跃。喜欢球类游戏。	模仿写字母。可以抓住小球。	自己洗澡和脱穿衣服。帮助简单的工作。

二、"健康之路"表中涉及的正常沟通能力

为了能够沟通,孩子需要具有许多不同的能力。

从孩子出生并发出第一声啼哭时,这些能力就开始发展了。

我们可以把这些沟通能力看作建造房子所用的砖块。

就像把砖块拼放在一起造成房子一样,各项沟通能力一同发展能使孩子使用口语来沟通。

沟通所需的能力有:注意力、听力、模仿能力、轮流互动、游戏能力、理解能力、肢体语言、言语。

三、"沟通房子"

上面的能力构成的"沟通房子",如下图所示。

图 2-10 "沟通房子"

四、沟通能力的发展

沟通能力不是独立发展的,而是彼此依靠的。

每项能力都是按照自己的发育阶段来发展的。

在孩子第一次看到妈妈的脸时,注意力就开始发展了,并能发展成能够长时间集中注意一个活动的能力。

当孩子对所有声音变得有意识,并开始做出反应时,听力就开始发展了,并开始发展成有选择性的听力能力。

当母亲模仿婴儿的动作和声音,婴儿也相应地模仿母亲的动作和声音时,轮流互动和模仿能力就开始发展了,并发展成能够在会话中轮流互动的能力。

当孩子喜欢自己发出声音并听声音,以及观看并触摸脸时,游戏能力就开始发展了,并发展成能参与复杂的、有规则的游戏的能力。

当孩子开始明白他所看到和听到的事时,理解能力就开始发展了,并发展成理解成人语言和复杂情境的能力。

孩子哭并扭动他的身体,而妈妈也对此做出反应,这时肢体语言就开始发展了,并发展成能够使用更复杂的肢体语言的能力。

当孩子发出咕咕声和儿语时,言语就开始发展了,并发展成能够说出单词和句子的能力。

五、孩子如何学习沟通所需要的能力

图 2-11 沟通能力

你知道吗？孩子在出生的时候就具备了学习任何语言的潜能，比如西班牙语、恩德贝勒语、修纳语、英语、汉语。但是，他首先学会的语言是他听到的周围人说得最多的语言。如果一个孩子是在说两种语言的家庭里长大，那么，他将学会这两种语言。

六、关于沟通正常发展需要记住的重点

孩子一出生就开始学习沟通——远在他说出第一句话之前。

沟通的正常发展需要许多能力。

孩子通过每天和他周围的人相互交流来发展沟通能力。

孩子先理解情景和单词，然后才能够表达。

运动能力上的发展缺陷容易察觉，而早期沟通能力的发展缺陷则不那么明显。因此，我们需要对孩子的沟通能力加以注意。

孩子各方面的发展都是有关联的，如果孩子在某个方面有困难，这也会影响到其他方面。

一个孩子可能仅在沟通方面有困难。有时候，孩子的发育会全面滞后，其中某些方面的发育比其他方面更加迟缓。

孩子每方面的发育都是同样重要的。如果孩子发育的多方面都出现困难，我们就应该对每方面都做出帮助而不能有所遗漏。

一个孩子需要 5 年或更长的时间，才能充分地发展他的各项沟通能力。

第 3 节　对沟通困难的早期识别

就像对待所有的残疾孩子一样，尽早识别有沟通困难的孩子，并给予帮助是极其重要的，特别是在孩子 5 岁之前。

一、为什么早期识别孩子的沟通困难很重要

因为：

（1）孩子生命中的头 5 年对于发展沟通能力是至关重要的。错过了那段时间，要改善孩子的沟通能力就会非常困难，并且他可能永远都追不上其他的孩子。

（2）如果没有在早期帮助孩子改善沟通能力，父母和孩子双方都有可能放弃尝试，沟通循环就可能被打断。而我们的目的就是要避免沟通的停止。

（3）语言和沟通能力是将来所有学习的基础，如上学、读书写字、交朋友、成为社会的一分子。如果没有在早期帮助孩子，以后这些能力就不能得到发展，将会给孩子带来长期的不利影响。

二、我们应该注意什么

要想尽早识别一个孩子是否存在沟通的问题，我们应该注意以下几点：

所有的孩子都有发生耳聋的可能性。

妈妈/照顾者是否怀疑或担忧孩子不能像其他孩子那样地听或沟通。

我们应该注意孩子是否有以下问题：

6~8周时，对说话声音或日常的声音还没有反应。

3~4个月时，还不会对人或东西表现出感兴趣。

10个月时还没有牙牙学语的迹象。

2岁时还不能说出一个单词。

3岁时还不会使用简单的句子。

4岁时还不会使用别人能理解的语言。

5岁时还不会使用较长的、像成人所说的句子。

6岁时还不能参与成人的谈话。

三、孩子沟通困难的原因

1. 造成孩子沟通困难的5种原因

到此为止，我们了解了：什么是沟通（第1节）；沟通的正常发展（第2节）；以及早期识别的重要性。

现在我们要看看造成孩子沟通困难的主要原因，这些原因包括：

（1）听力损伤。如果孩子有听力问题，他们学习"说话"将非常困难。这是因为我们通过去听周围人的谈话，及自己尝试说话来学习说话。

（2）智力障碍。有些孩子学习和理解周围环境比较缓慢。他们学习沟通所需的能力也会比较困难。

（3）脑瘫。如果孩子对自己身体的肌肉没有良好的控制和协调能力，他们做任何运动都会有困难，包括那些为了能发声和说话所需的运动。

（4）多重残疾。有些孩子有许多不同的残疾，严重影响到他们学习和理解周围环境的能力。通常，这些孩子在沟通方面只具有非常基本的能力。

（5）言语特殊困难。虽然有些孩子没有以上任何一种残疾，但他们仍然有言语困难。我们不得不承认，有时候我们不知道导致一些孩子沟通困难的原因是什么。

2. 孩子成功沟通需要的感觉器官和能力

为了能成功地沟通，孩子需要沟通的物件、沟通的事物以及某些感觉器官和能力。

3. 感觉器官和能力的缺陷对沟通困难的影响

如果一个孩子在上述任何一个方面有问题，他就会有沟通困难。

现在让我们看看导致沟通困难的那些问题，是如何影响孩子的感官和能力的。

为了能成功地沟通，孩子需要：

（1）沟通的物件。　　　　　　（2）沟通的事物。

图2-12　沟通的物件

图2-13　沟通的事物

（3）某些感觉器官和能力。

下面的图解说明了沟通所需的感觉器官和能力：

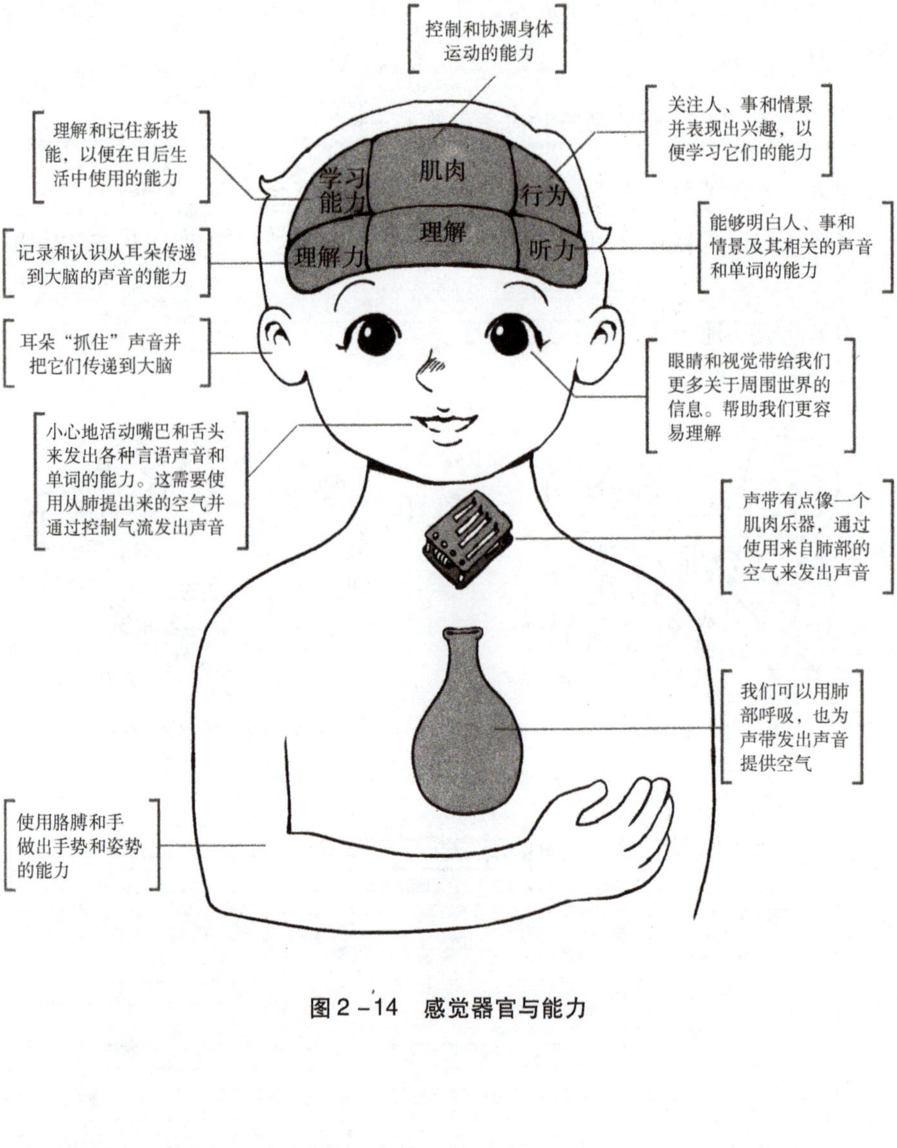

图 2-14 感觉器官与能力

第 2 章 沟通能力概述

听力损伤是由于以下部分受损：
大脑的听力中心
耳朵

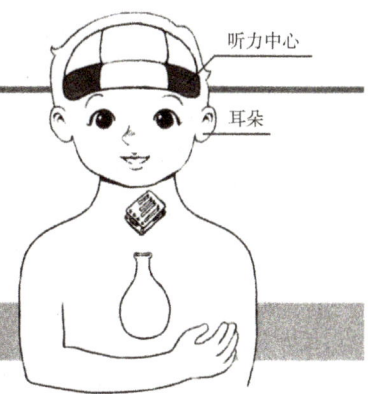

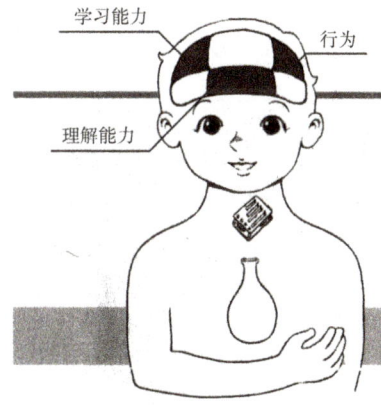

智力障碍影响的方面包括：
学习能力
理解能力
行为

脑瘫的起因是由于以下部分受损：
大脑控制和协调所有肌肉运动的部分，包括：嘴唇、舌头、硬腭、声带和肺

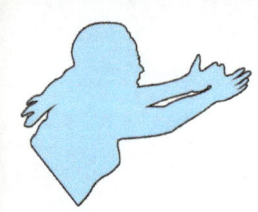

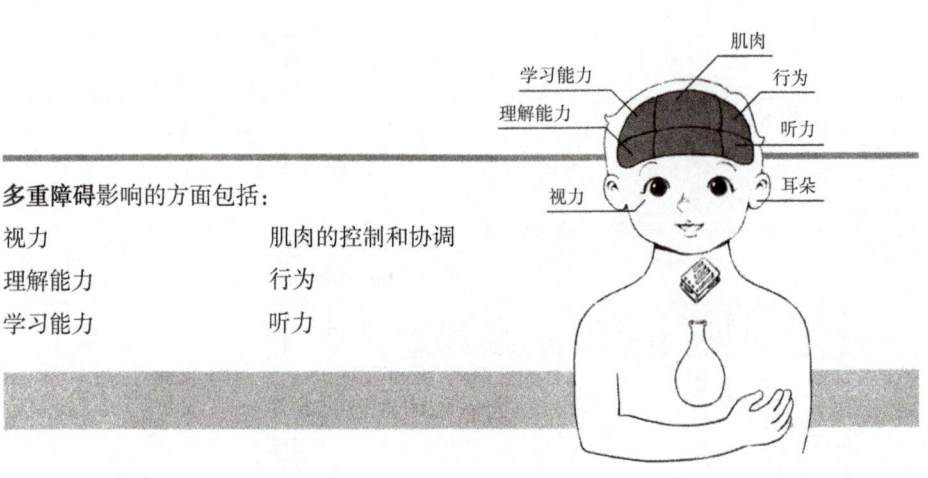

多重障碍影响的方面包括：

视力　　　　　　　肌肉的控制和协调
理解能力　　　　　行为
学习能力　　　　　听力

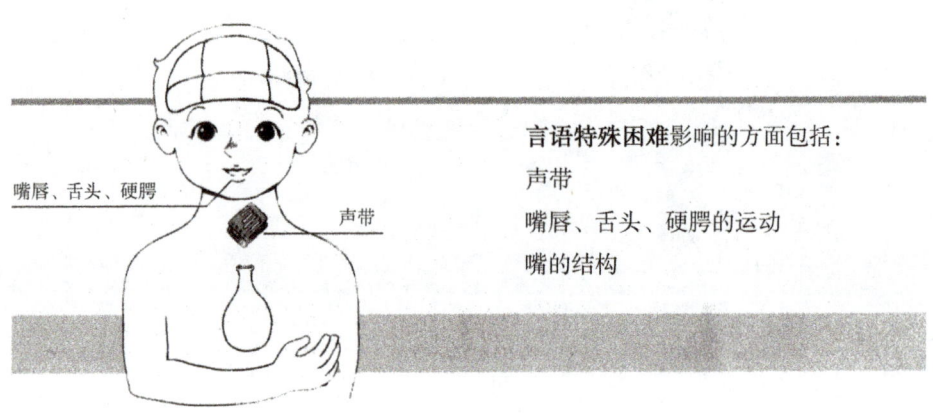

言语特殊困难影响的方面包括：

声带
嘴唇、舌头、硬腭的运动
嘴的结构

图2-15　感觉器官和能力损伤导致的沟通障碍

[小提示]

你知道吗？

舌系带不是造成沟通困难的原因！

如果孩子不会说话，许多人认为只要剪开舌系带来放松舌系，孩子就会说话了。但事实不是这样的。

思考以下的事实：

舌头下面的皮肤（舌系带）本身不能活动舌头，而是舌头内部控制运动的肌肉活动舌头。所以，如果孩子的舌头不能很好地活动，那是肌肉的问题，而不是舌系带的问题。

如果孩子有活动舌头的问题（但是没有其他妨碍他说话的问题），那么他应该会说话，但他的言语不会很清楚。换句话说，他的语言还可以。

能够活动舌头只是说话所需的其中一个技能。记住，除了活动舌头以外，能够说话还关系到很多其他的技能。

为了更清楚这一点，试试这个活动……

把你的舌头放在下排牙齿的后面。

现在，舌头不要动，对你的朋友说一些事。

"瞧，你还是可以说话的，只是说得没那么清楚而已。"

"但是，剪开舌系带会伤害我的孩子吗？"

"是的！剪开舌系带会给孩子带来疼痛和痛苦。另外，如果手术不那么卫生，还可能会引起感染。并且舌头可能无法很好地痊愈。实际上，所有这些问题都可能会使你孩子的问题变得更严重。"

所以，剪开舌系带对孩子的沟通困难没有帮助。它不是解决问题的方法。

四、关于导致孩子沟通困难的原因需要记住的重点

为了能够很好地沟通，孩子需要许多不同的能力。假如他在任何一方面有问题，沟通困难就会出现。

孩子有困难的方面越多，他的沟通问题就越严重。

很多时候，孩子有沟通困难是由一些不可见的损伤导致的——大脑或耳朵的损伤。

有时，孩子嘴部结构有一些异常也可能是导致沟通困难的原因。舌系带不是导致沟通困难的原因。

某些其他因素，如缺乏刺激（干预）、情感的忽略、缺乏鼓励，这些都可能造成或促成孩子的沟通困难。

恶魔不会造成沟通困难。

有沟通困难的孩子的智力可能是正常的。

即使不知道造成孩子沟通困难的原因，我们还是可以帮助孩子的。

第4节 脑瘫儿童的沟通能力问题

一、脑瘫兼智力障碍儿童沟通循环存在的问题

脑瘫兼智力障碍儿童，多为多重残疾儿童。对于多重残疾的孩子而言，

他们所有肌肉的运动和理解能力都有问题，通常还有视力和听力的问题。因此，对他们来说沟通就会非常困难。让我们看看沟通循环，以便更好地理解多重残疾儿童的沟通是如何或可能受到影响的。

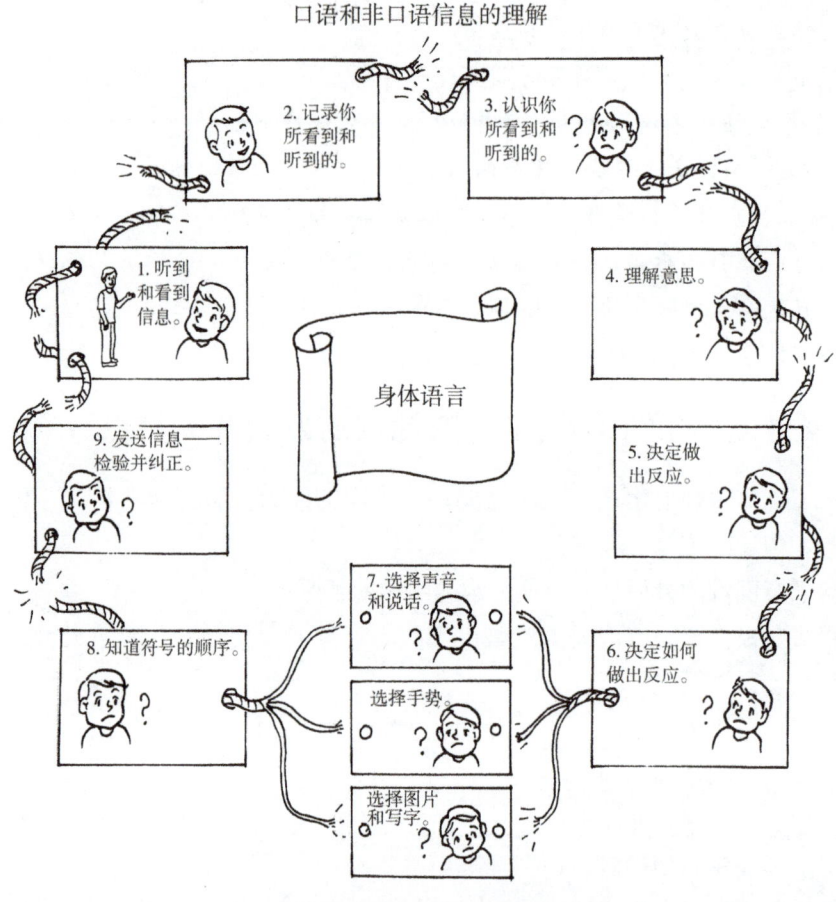

图2-16 脑瘫兼智力障碍儿童的沟通循环

由上图可见，这类多重残疾的孩子在理解和表达的各个步骤都有困难。但是，即使他不能理解口头语言，也不能通过说话来做出反应，但要与他建立基本的沟通还是有可能的。我们必须改变我们的期待，并调整我们的沟通方式来适合孩子。

二、脑瘫（但没有智力障碍）儿童的沟通循环问题

现在，让我们看看没有智力障碍的脑瘫儿童，他的沟通循环会在哪里被打断。

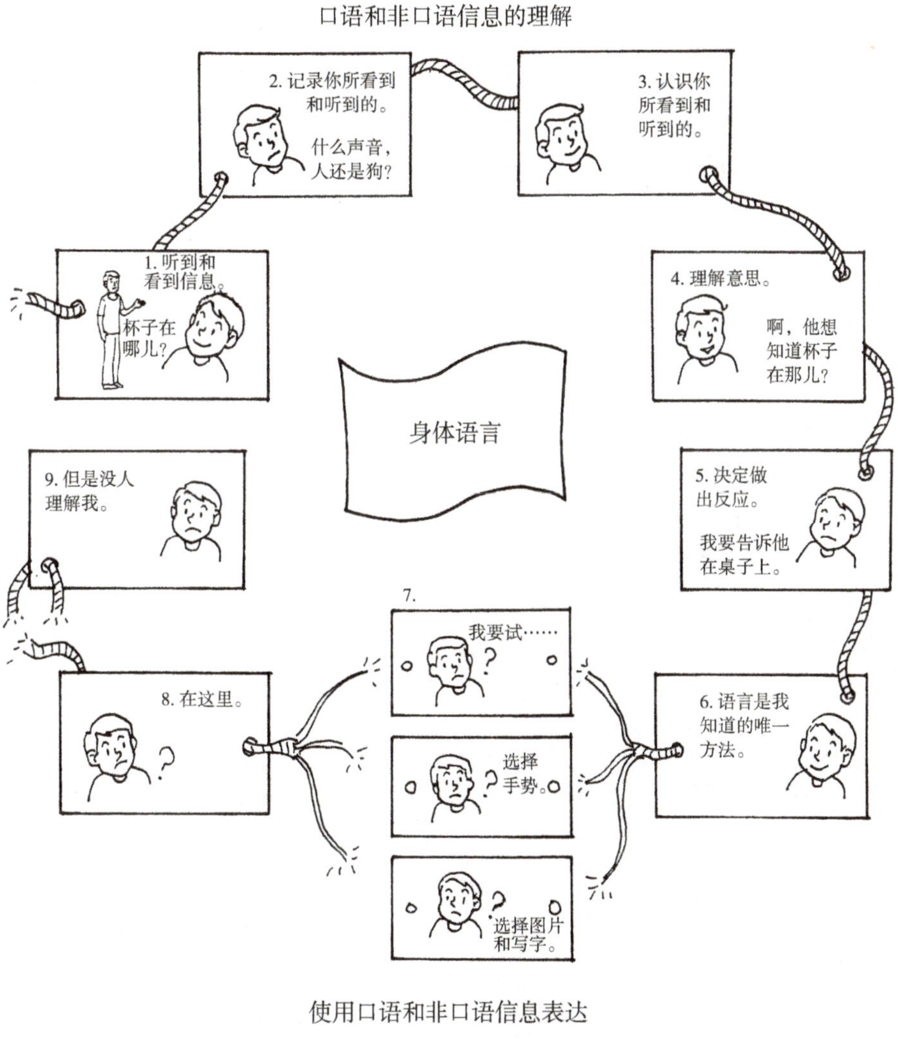

图 2-17 脑瘫儿童的沟通循环

从上面的图可以看出：

- 智力没有受损的脑瘫儿童不会有理解的困难，也不会有决定做出什么

反应的困难；

- 可以说话的孩子能作出反应，尽管说得有点不清楚；
- 当孩子不能说话时，困难可能会增加，他需要决定如何发送他的反应；
- 我们需要让不能说话的孩子明白，他可以使用手势或指出图片的方式来发出一个信息；
- 如果不能给他一个替代语言的方法，他在发送反应时可能会有困难，沟通循环就会被打断。

因为沟通是脑瘫儿童最主要的困难之一，所以也是我们需要给予帮助的方面。

为了达到我们的长期目标，使脑瘫儿童能够用一些方法来进行沟通，我们便需要为孩子的沟通能力做出评估。这样我们可以制定合适的短期目标来帮助孩子达到长期目标。

第3章和第4章将专门讨论"评估"和"目标计划制定"。

第3章 评 估

本章分两节。第1节从总体上来讨论对6岁以下有沟通困难的孩子进行评估的相关知识。第2节专门讨论如何对脑瘫儿童的沟通能力进行评估的问题。

第1节 沟通能力评估

一、什么是沟通能力评估

1. 沟通能力评估的含义

如果我们要想帮助有沟通困难的孩子,我们需要对他们的能力先有一个清楚的了解。

沟通能力评估,就是了解孩子的具有怎样的沟通能力。

2. 为什么要评估孩子的沟通能力

对一个孩子沟通能力的评估有助于我们:
- 清楚了解孩子能做什么,并鉴别他们哪些方面存在困难;
- 草拟一个合适的,能够满足孩子需要,并能帮助他获得进步的目标计划;
- 为孩子的进步做好记录。

3. 哪些孩子适合做沟通能力评估

理论上,任何有沟通困难的孩子都应该做评估,但实际情况并没那么简单。虽然存在许多有沟通困难的孩子,但因为没有足够的工作人员,因而不是所有的孩子都能获得帮助。所以我们必须先决定哪些孩子能从我们的服务中获得最大的帮助,之后再集中精力来帮助他们。

所有年龄低于6岁、有沟通困难的孩子都适合做评估。

如果你必须要决定如何在孩子之间分配你的工作时间,那就把你的精力集

中在那些年龄较小的孩子身上。因为他们能够真正从你的帮助中获得益处。

二、评估前的准备

1. 在什么环境中评估孩子的沟通能力

我们不需要一个特殊的环境来进行评估，但我们却需要制造一个融洽的气氛。

为沟通创造一个合适的环境，我们必须考虑以下几点：

- 孩子的父亲或母亲应该参与评估；
- 环境应该是轻松和随意的，那样才能让父母和孩子感到舒服，并且能和你自由地沟通；
- 确保你有足够的时间能完成整个评估，而不会被打断（通常12个小时就足够了）；
- 在评估时，设法确保孩子是精神的/留心的和愉快的（不要试图在孩子感到疲惫、饥饿或生病时进行评估）；
- 仔细选择进行评估所需的玩具（只使用父母在家能够找到的玩具，不要使用太多的玩具，及那些对孩子来说太复杂或太简单的玩具）；
- 确保不会有太多会分散孩子注意力的东西。

除了以上几点外，我们必须把握住，我们自己要沟通好——这对我们能否成功地进行评估至关重要。

记住，我们为评估所制造的气氛是最重要的！

我们应该：

- 处于与父母和孩子同一水平线的位置，并且和他们有一段感到舒适的距离；
- 工作时，对父母和孩子表现出热情、有兴趣及关心；
- 在评估期间，鼓励父母主动地和孩子一起参与你的活动；
- 通过与孩子的互动，设法与他建立关系；
- 总是跟随孩子的兴趣——不要强迫他玩他不感兴趣的东西。

2. 沟通能力评估需要什么设备

除了为评估制造一个合适的环境外，我们也需要确保有合适的设备。"合适的设备"并不是指高科技机器和昂贵的玩具。

我们需要以下物品来评估孩子的沟通能力：

- 一张评估表；
- 一支圆珠笔；
- 有纸夹的笔记板，或其他可以垫纸的东西；
- 玩具——炒锅、勺子、盘子、杯子、布娃娃；
- 木块或积木；
- 各种各样的容器；
- 瓶盖；
- 可以发声的自制"喇叭"；
- 汽车；
- 球；
- 日用品；
- 一件衣服；
- 有简单物品的图片；
- 铅笔和纸。

看看这些玩具，请注意它们没有一样是昂贵的。几乎每家都可以找到或轻易地制作这些东西，但它们往往却是最好的玩具。

3. 我们要从评估中获得什么信息

在评估时，我们需要尽可能详尽地收集有关孩子的资料。
- 他的家庭背景和居家环境；
- 他的发育史，包括任何疾病的情况；
- 以前有无联系过康复服务；
- 教育情况，是否在上幼儿园、特殊学校或普通学校。

最后，我们还需要加上一些说明及对孩子沟通能力的具体描述。

评估时我们需要注意以下方面：
- 言语——发出声音，并把它们放在一起形成单词以后再组成句子的能力；
- 理解能力——可以理解人、情境和语言的能力；
- 手势——使用身体运动、手势和面部表情来传递信息的能力；
- 游戏能力——孩子可以通过游戏来发展他对周围世界的认识，并学习沟通的基本能力；
- 注意力——可以对周围的人或事集中精力的能力；
- 听力——能够仔细聆听声音和别人谈话声的能力；

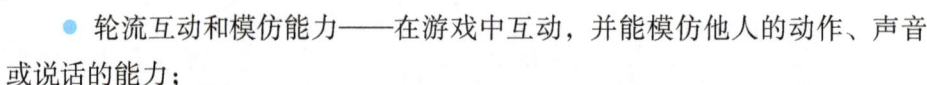

- 轮流互动和模仿能力——在游戏中互动,并能模仿他人的动作、声音或说话的能力;
- 日常生活活动能力——可以独立吃饭、穿衣、洗澡和如厕的能力;
- 粗大运动能力——控制身体大动作的能力。

三、评估表

1. 评估表包含的内容

我们需要使用一份评估表来集中记录孩子的所有相关信息。
在后面我们将看到一份详尽的评估表,这份表包含了4页:
第1页　背景资料;
第2页　其他需要考虑的方面;
第3页　沟通技能核对表;
第4页　总结和目标计划。

2. 评估表填写指南

第1页,比较容易完成,只需填上要求填写的内容即可。

第2页,这部分也比较容易,同样只需填上要求填写的内容。

第3页,这部分则需要更多解释。以下的填写指南能帮助你明白该表。如下所示,根据你的观察,以及对家长的询问和与孩子的互动来填写核对表:

(1) 在这页里面记录孩子的实际年龄。

(2) 从第一行"言语"开始,从左到右进行,孩子可以做的就画上(√),孩子做不到的就画上(×)。空白处记录下任何特别的附注。如果孩子很明显地不能做到这一行里的其余活动,就不用再继续了,转到下一行的"理解"。

(3) 像以上所描述的那样继续填写,每一行从左到右地记录,直到完成这张表格。这样,你对被测试的孩子能做什么和不能做什么就有了一个基本的了解。

(4) 在最接近孩子实际年龄处,画上了(√)号的部分就是孩子的能力。在这一页的底部对此做上记录。

(5) 离孩子实际年龄最远处,画上了(√)号的部分是孩子的困难。在这一页的底部对此做上记录。

第4页,这一页是制定目标计划,是评估表必不可少的一个部分。第4章将详细探讨"目标计划"的内容。

3. 空白评估表第1页填写说明

为了使你更容易明白,现在让我们来实际填写一份评估表的第1、2、3页。

表3-1 儿童沟通能力评估表(第1页)

省/区: (孩子长期居住的地方)	评估日期: (当天的日期)
姓名: (孩子的全名)	出生日期: 年 月 日
地址: (完整的邮政地址)	年龄: (孩子目前的年龄)
家族史:(父母在一起吗?他们都有工作吗?有几个兄弟/姐妹?孩子在家庭中的排行?)	
家族其他成员有无类似问题: (家庭中任何一方是否存在任何言语或/和听力问题的病史?如果有请详细说明)	
出生史:(在怀孕期间有问题吗?出生时足月了吗?是正常分娩吗?孩子在出生后有哭吗?吸吮得好吗?有什么并发症吗?如果有,请详细说明)	
儿童疾病史:(孩子患过任何重大疾病吗?请详细说明。对于任何更多的情况,查看孩子的门诊病历卡片和发育图表)	
发育历程: (孩子从什么时候开始坐、爬、站、走、说; 孩子吸吮得好吗?他和其他同龄孩子一样能吃固体食物并咀嚼吗?)	
是否接受过任何语言治疗: (有关孩子的沟通困难,家长曾经接受过任何建议或对孩子的治疗吗?如果有,详细说明)	
何时:(什么时候给予的建议?)	

续上表

何地：（孩子从哪里得到的建议？）
什么建议：（接受或被建议做什么治疗？）

资料来源：本表格采自津巴布韦 Harare 中心医院儿童康复部所使用的"儿童沟通能力评估表"。

4. 空白评估表第 2 页填写说明

表 3-2　儿童沟通能力评估表（第 2 页）

根据你的观察回答以下问题：
　　观察孩子并考虑这些问题、如果你现在能确定问题的答案，就准确地圈出"是"或"否"。如果你暂时还不能确定答案，就继续进行评估。待填完了全部核对表之后再来回答这些问题。

说话是孩子唯一的困难吗？	是/否

　　如果不是，请回答以下问题：

孩子有肢体障碍吗？	是/否	孩子有智力障碍吗？	是/否
孩子有视觉障碍吗？	是/否	孩子有行为问题吗？	是/否
孩子的发育迟缓吗？	是/否	孩子有其他困难吗？	是/否

例如，孩子是否有：

- 痉挛；
- 任何已知的情况，如唐氏综合征；
- 进食困难或流涎；
- 不正常的头围。

孩子上托儿所/学校吗？　　是/否
如果没有，请解释原因。
如果孩子到了入托/入学年龄，就问这个问题，如果孩子显然太小，就不用问这个问题。

听力

孩子听力好吗？父母认为他们的孩子有良好的听力吗？　　是/否 描述：圈出答案并说明原因。 孩子的耳朵感染过吗？　　是/否 描述：孩子的耳朵往外流过脓吗？他的耳朵疼过吗？圈出答案并说明。 孩子做过听力检查吗？圈出答案并详细说明。　　是/否 如果做过　何时？　　　　何地？　　　　结果如何？

5. 空白评估表第3页填写说明

本页为"核对表"。

表3-3　儿童沟通能力评估表（第3页）

阶段	1	2	3	4	5
年龄	0～6个月	6～12个月	12～18个月	1.5～3岁	3～5岁
语言	孩子会哭或发出咿呀声吗？	孩子能重复声音并能和谐地发出咿呀声吗？	孩子能使用有意义的声音和别人能明白的单词吗？	孩子能使用一些单独的词，有时也能把两个词放在一起用吗？	孩子能把几个单词放在一起组成句子吗？陌生人能理解他说的话吗？如"不能"请说明。
		孩子可以做什么画（√），不可以做什么画（×）。			
理解能力	孩子理解基本需要如何得到满足吗？比如在饿或尿湿的情况下哭。	在使用手势表达简单指令时，孩子能理解吗？	在没有使用手势时，孩子能服从指令吗？比如，出示身体的某些部分。	孩子像其他的同龄孩子一样能理解简单语言吗？	孩子能理解并参与会话吗？
			──────────▶	每行都从左向右进行。	

续上表

阶段	1	2	3	4	5
年龄	0~6个月	6~12个月	12~18个月	1.5~3岁	3~5岁
手势	孩子会微笑、皱眉、笑吗?孩子会向物品伸出手吗?	孩子会用手指出他感兴趣的物品或人吗?	孩子能使用与情景相联系的手势吗?如挥手"再见"、拍手"谢谢"。	孩子会使用手势让其他人为他做事吗?如在想喝水时指指茶杯。	孩子能使用手势来表达出他自己的资讯吗?
游戏能力	孩子对人或事感兴趣吗?他有视线接触吗?	孩子想要探究/玩耍物品吗?他会寻找被藏起来的物品吗?	孩子喜欢简单的假想性游戏吗?如把勺子放杯子里,假装自己吃饭。	孩子玩积木吗?孩子模仿一些简单的家庭活动吗?	孩子喜欢有规则的游戏吗?孩子和其他小朋友一起玩假想性游戏吗?
注意力	在妈妈/照顾者说话时孩子望向她吗?	孩子望向新的声音或事物吗?	孩子可以参加简单的任务并且不被新的声音或事物分散注意力吗?	孩子可以长时间参与一个更困难的任务吗?如搭积木和进行假想性游戏。	孩子在做一件事时,能听并对别人说话吗?
听力	孩子对声音有反应并看声音从哪里发出吗?	孩子能区分不同的声音及它们的意义吗?如狗叫或汽车行驶。	在妈妈/照顾者说话时孩子听吗?	孩子能更仔细地听说话吗?他尝试模仿单词吗?	在嘈杂的环境,孩子可以忽略其他噪音而听妈妈/照顾者说话吗?
轮流互动和模仿	孩子能和妈妈/照顾者轮流发出声音吗?也就是在妈妈/照顾者重复了孩子的声音后,孩子能再重复吗?	孩子用有趣的方法重复自己的声音吗?	孩子模仿成人的动作或声音吗?孩子想要成人参与他的游戏吗?	孩子开始尝试重复他听到的单词吗?	孩子可以在会话中轮流互动吗?

续上表

阶段	1	2	3	4	5
年龄	0~6个月	6~12个月	12~18个月	1.5~3岁	3~5岁
日常生活活动	孩子可以抿住勺子吗？孩子可以把食物放进口中吗？	孩子可以咀嚼食物和用杯子喝水吗？孩子配合脱穿衣服吗？	孩子能自己吃饭吗？自己脱穿简单的衣服吗？开始如厕训练了吗？	孩子可以自己洗手、洗脸吗？孩子可以穿简单的衣服吗？孩子差不多能自己如厕吗？	可以自己洗并擦干吗？可以自己脱穿衣服吗？能自己如厕吗？
粗大运动	孩子双手能放在中线吗？孩子能支撑着坐吗？	孩子可以爬吗？能拉着他站起来吗？可以支撑着走吗？	孩子可以走吗？孩子跑时显得僵硬吗？	孩子可以随意地跑吗？孩子可以双腿跳吗？	孩子可以单脚跳吗？孩子可以跳跃吗？孩子可以蹦吗？

能力：记录孩子最好的方面（也就是最接近孩子年龄的）。

需要：记录孩子比较有困难的方面（也就是离他年龄最远的）。

四、评估表样本

本节我们以一个名叫 John Muponda 的孩子为例，看看评估表该如何填写。

1. John Muponda 评估表第 1 页

表 3-4　儿童沟通能力评估表（第 1 页）

省/区： RuanRwe，Manicaland	评估日期： 1991 年 9 月 24 日
姓名： John Muponda	出生日期： 1989 年 2 月 12 日
地址： Nvanga，985 号信箱	年龄： 2 岁半
家族史：父母住在一起。小规模的农场主。是 8 个孩子中最小的一个。	
家族其他成员有无类似问题： 没有。	

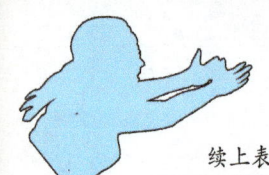

续上表

出生史：在怀孕期间没有问题。在孩子 7 个月时早产。孩子在出生后没有哭，也没有很好地吸吮。在出生之后住院 3 个月。
儿童疾病史：没有。
发育历程： ● 坐：12 个月时； ● 爬：17 个月时； ● 站：20 个月时； ● 走：24 个月时； ● 说：还不能说话； ● 不能咀嚼固体食物。
是否接受过任何语言治疗： 是的。
何时：在 17 个月时。
何地：在传统医生那里。
什么建议：剪开舌系带。

2. John Muponda 评估表第 2 页

表 3-5　儿童沟通能力评估表（第 2 页）

根据你的观察回答以下问题：
说话是孩子唯一的困难吗？　　　　是/⑥

如果不是，请回答以下问题：

第 3 章 评估

孩子有肢体障碍吗？　　　是/㊉

孩子有智力障碍吗？　　　㊁/否

孩子有视觉障碍吗？　　　是/㊉

孩子有行为问题吗？　　　㊁/否

孩子的发育迟缓吗？　　　㊁/否

孩子有其他困难吗？　　　㊁/否
- 有痉挛，在用药物控制。

孩子上托儿所/学校吗？　　是/否

如果没有：请解释原因

如果孩子到了入托/入学年龄，就问这个问题，如果孩子显然太小，就不用问这个问题。

听力：

孩子听力好吗？　　㊁/否

描述：头转向所有声音的方向，即使是微小的声音

孩子的耳朵感染过吗？　　是/㊉

描述：

孩子做过听力检查吗？　　是/㊉

如果做过　何时？
　　　　　何地？
　　　　　结果如何？

3. John Muponda 评估表第 3 页

表 3-6 儿童沟通能力评估表（John Muponda，2 岁半）

阶段	1	2	3	4	5
年龄	0～6 个月	6～12 个月	12～18 个月	1.5～3 岁	3～5 岁
语言	孩子会哭或发出咿呀声吗？ 【√】	孩子能重复声音并能和谐地发出咿呀声吗？ 【√】	孩子能使用有意义的声音和别人能明白的单词吗？ 【×】	孩子能使用一些单独的词，有时也能把两个词放在一起用吗？	孩子能把几个单词放在一起组成句子吗？陌生人能理解他说的话吗？如"不能"请说明。
理解能力	孩子理解基本需要如何得到满足吗？比如在饿或尿湿的情况下哭。 【√】	在使用手势表达简单指令时，孩子能理解吗？ 【不确定？】	在没有使用手势时，孩子能服从指令吗？比如出示身体的某些部分。	孩子像其他的同龄孩子一样能理解简单语言吗？	孩子能理解并参与会话吗？
手势	孩子会微笑、皱眉、笑吗？ 【√】孩子会向物品伸出手吗？ 【√】	孩子会用手指出他感兴趣的物品或人吗？【×】	孩子能使用与情景相联系的手势吗？如挥手"再见"，拍手"谢谢"。	孩子会使用手势让其他人为他做事吗？如在想喝水时指指茶杯。	孩子能使用手势来表达出他自己的资讯吗？
游戏能力	孩子对人或事感兴趣吗？ 【一点点】他有视线接触吗？ 【短暂的】	孩子想要探究/玩耍物品吗？ 【×】他会寻找被藏起来的物品吗？ 【×】	孩子喜欢简单的假想性游戏吗？如把勺子放杯子里，假装自己吃饭。	孩子玩积木吗？孩子模仿一些简单的家庭活动吗？	孩子喜欢有规则的游戏吗？孩子和其他小朋友一起玩假想性游戏吗？

续上表

阶段	1	2	3	4	5
年龄	0～6个月	6～12个月	12～18个月	1.5～3岁	3～5岁
注意力	在妈妈/照顾者说话时孩子望向她吗？【短暂的】	孩子望向新的声音或事物吗？【×】	孩子可以参加简单的任务并且不被新的声音或事物分散注意力吗？	孩子可以长时间参与一个更困难的任务吗？如搭积木和进行假想性游戏。	孩子在做一件事时，能听并对别人说话吗？
听力	孩子对声音有反应并看声音从哪里发出吗？【√】	孩子能区分不同的声音及它们的意义吗？如狗叫或汽车行驶。【×】	在妈妈/照顾者说话时孩子听吗？	孩子能更仔细地听说话吗？他尝试模仿单词吗？	在嘈杂的环境，孩子可以忽略其他噪音而听妈妈/照顾者说话吗？
轮流互动和模仿	孩子能和妈妈/照顾者轮流发出声音吗？也就是在妈妈重复了孩子的声音后，孩子能再重复吗？【√】	孩子用有趣的方法重复自己的声音吗？【√】	孩子模仿成人的动作或声音吗？【×】孩子想要成人参与他的游戏吗？【×】	孩子开始尝试重复他听到的单词吗？	孩子可以在会话中轮流互动吗？
日常生活活动	孩子可以抿住勺子吗？【√】孩子可以把食物放进口中吗？【√】	孩子可以咀嚼食物【×】和用杯子喝水吗？【√】孩子配合脱穿衣服吗？【×】	孩子能自己吃饭吗？【√】自己脱穿简单的衣服吗？【×】开始如厕训练了吗？【×】	孩子可以自己洗手、洗脸吗？孩子可以穿简单的衣服吗？孩子差不多能自己如厕吗？	可以自己洗并擦干吗？可以自己脱穿衣服吗？能自己如厕吗？

续上表

阶段	1	2	3	4	5
年龄	0～6个月	6～12个月	12～18个月	1.5～3岁	3～5岁
粗大运动	孩子双手能放在中线吗？【√】 孩子能支撑着坐吗？【√】	孩子可以爬吗？【√】 能拉着他站起来吗？【√】 可以支撑着走吗？【√】	孩子可以走吗？【√】 孩子跑时显得僵硬吗？【√】	孩子可以随意地跑吗？ 孩子可以双腿跳吗？	孩子可以单脚跳吗？ 孩子可以跳跃吗？ 孩子可以蹦吗？

能力：言语、轮流互动和模仿、粗大运动。

需要：注意力、听力、游戏能力、理解能力、手势、自理能力（日常生活活动）。

4. 评估表填写的其他注意事项

在你评估了一个孩子之后，请思考：

- 到目前为止，我得到了我所需要的全部信息吗？
- 我的大部分信息来自孩子的母亲，还是我自己对孩子的观察或与孩子互动的结果？
- 在我了解到孩子的真实情况后，他的母亲感到高兴吗？
- 我尽自己最大的努力与孩子互动了吗？
- 孩子配合我吗？
- 评估是否准确地描绘了孩子的能力和他们的需要？
- 我需要介绍孩子去看其他能帮助他的人吗？

五、关于评估需要记住的重点

评估主要从言语能力、理解能力、手势、游戏能力、注意力、听力、轮流互动和模仿能力、日常生活活动以及粗大运动等方面进行。不同的残疾对孩子的这些能力会有不同的影响。

在此需要记住的有关评估的要点是：

- 好的评估有助于更好地制订目标计划，也是一个孩子获得进步的关键；
- 评估和治疗是相互紧密联系的，都应该不断进行（在治疗取得进展时，我们必须重新评估孩子能做什么、不能做什么。也就是说，随着时间的推移，我们会不断地改变评估结果及目标计划）；

- 再次评估/测试孩子的程度，并与他最初的评估相比较，可以使家长和我们自己得到鼓励；
- 孩子的发育由很多方面组成，注意，我们不应该孤立地看待沟通，我们也要考虑到其他需要评估的方面，并在必要时介绍孩子去看其他能帮助他的人；
- 仅在沟通的领域里，我们就需要评估许多方面的能力——言语只是其中之一；
- 为保证结果的准确性，在评估时多花些时间是值得的；
- 通过互动来与孩子及家长建立关系，可以为好的评估打下基础；
- 让家长参与评估是极其重要的；
- 我们自己的沟通能力和孩子的一样重要；
- 评估不是总能顺利进行的，我们必须准备好灵活应对，并适应任何我们可能会遇到的情况。

第 2 节　脑瘫儿童沟通能力评估

如何用前一节提到的评估表对脑瘫儿童做沟通能力评估呢？

要评估脑瘫儿童的沟通能力，我们必须使用评估表，并按照那一部分里的方法去做。

下面我们将要看几份典型的评估表，包括：

- 一个没有其他困难的脑瘫儿童的案例；
- 一个没有其他困难的脑瘫儿童，但是语言永远都不能成为他主要的沟通方法的案例；
- 一个有其他困难的脑瘫儿童的案例。

然后，我们会把这些孩子与有其他残疾的孩子的能力和需要进行比较。

所有这些信息能帮助我们知道孩子沟通困难的程度，以及他最大的需要是什么。做完评估之后，我们就可以开始计划适合孩子需要的短期目标了。

一、没有其他困难的脑瘫儿童评估表

请告诉我，一个没有其他困难的脑瘫儿童的评估表是什么样的？

我们看看下面小童的评估表吧！

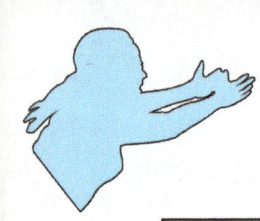

表3-7 脑瘫儿童沟通能力评估表（小童，4岁半）

阶段	1	2	3	4	5
年龄	0～6个月	6～12个月	12～18个月	1.5～3岁	3～5岁
语言	孩子会哭或发出咿呀声吗？【√】	孩子能重复声音并能和谐地发出咿呀声吗？【√】	孩子能使用有意义的声音和别人能明白的单词吗？【√】	孩子能使用一些单独的词，有时也能把两个词放在一起用吗？能，但说得不清楚。【√】	孩子能把几个单词放在一起组成句子吗？尝试，能，但不清楚。陌生人能理解他说的话吗？如"不能"，请说明。【×】
理解能力	孩子理解基本需要如何得到满足吗？比如在饿或尿湿的情况下哭。【√】	在使用手势表达简单指令时，孩子能理解吗？【√】	在没有使用手势时，孩子能服从指令吗？比如出示身体的某些部分。【√】	孩子像其他的同龄孩子一样能理解简单语言吗？【√】	孩子能理解并参与会话吗？理解没有问题，但不能总是清楚地反应。
手势	孩子会微笑、皱眉或笑吗？【√】孩子会向物品伸出手吗？【√】	孩子会用手指出他感兴趣的物品或人吗？【√】	孩子能使用与情景相联系的手势吗？如挥手"再见"、拍手"谢谢"。【√】	孩子会使用手势让其他人为他做事吗？如在想喝水时指指茶杯。【√】	孩子能使用手势来表达出他自己的资讯吗？特别是他的言语不被理解时。
游戏能力	孩子对人或事感兴趣吗？【√】他有视线接触吗？【√】	孩子想要探究/玩耍物品吗？【√】他会寻找被藏起来的物品吗？【√】	孩子喜欢简单的假想性游戏吗？如把勺子放杯子里，假装自己吃饭。【√】	孩子玩积木吗？【√】孩子模仿一些简单的家庭活动吗？【√】	孩子喜欢有规则的游戏吗？【√】孩子和其他小朋友一起玩假想性游戏吗？【√】

续上表

阶段	1	2	3	4	5
年龄	0～6个月	6～12个月	12～18个月	1.5～3岁	3～5岁
注意力	在妈妈/照顾者说话时孩子望向她吗?【√】	孩子望向新的声音或事物吗?【√】	孩子可以参加简单的任务并且不被新的声音或事物分散注意力吗?【√】	孩子可以长时间参与一个更困难的任务吗?如搭积木和假想性游戏。【√】	孩子在做一件事时,能听并对别人说话吗?【√】
听力	孩子对声音有反应并看声音从哪里发出的吗?【√】	孩子能区分不同的声音及它们的意义吗?如狗叫和汽车行驶。【√】	在妈妈/照顾者说话时孩子听吗?【√】	孩子能更仔细地听说话吗?【√】他尝试模仿单词吗?【√】	在嘈杂的环境里,孩子可以忽略其他噪音而听妈妈/照顾者说话吗?【√】
轮流互动和模仿	孩子能和妈妈/照顾者轮流发出声音吗?也就是在妈妈重复了孩子的声音后,孩子能再重复吗?【√】	孩子用有趣的方法重复自己的声音吗?【√】	孩子模仿成人的动作或声音吗?模仿声音有困难。孩子想要成人参与他的游戏吗?【√】	孩子开始尝试重复他听到的单词吗?【√】尝试,但非常有困难。	孩子可以在会话中轮流互动吗?【√】但不容易理解。
日常生活活动	孩子可以抿住勺子吗?【√】孩子可以把食物放进口中吗?【√】	孩子可以咀嚼食物和用杯子喝水吗?有困难。孩子配合脱穿衣服吗?【√】	孩子能自己吃饭吗?尝试,但弄得很乱。自己脱穿简单的衣服?需要帮助。开始如厕训练了吗?【√】	孩子可以自己洗手、洗脸吗?尝试。孩子可以穿简单的衣服吗?需要帮助。孩子差不多能自己如厕吗?	可以自己洗并擦干吗?尝试。可以自己脱穿衣服吗?尝试。能自己如厕吗?需要帮助。

续上表

阶段	1	2	3	4	5
年龄	0～6个月	6～12个月	12～18个月	1.5～3岁	3～5岁
粗大运动	孩子双手能放在中线吗?【√】孩子能支撑着坐吗?【√】	孩子可以爬吗?【√】能拉着他站起来吗?【√】可以支撑着走吗?【√】	孩子可以走吗?【√】不稳。孩子跑时显得僵硬吗?【√】经常摔倒。	孩子可以随意地跑吗?【×】孩子可以双腿跳吗?【×】	孩子可以单脚跳吗?【×】孩子可以跳跃吗?【×】孩子可以蹦吗?【×】

能力：理解能力、手势、游戏能力、注意力、听力、轮流互动/模仿。

需要：言语、日常生活活动（特别是吃饭）。

小童的理解能力很好，尽管他不能经常用语言清楚地表达，但是他能够说出来。为了让别人明白他的意思，小童也使用手势。

二、没有其他困难但不能用语言沟通的脑瘫儿童评估

对于没有其他困难，但语言永远都不能成为主要沟通方法的脑瘫儿童，他们的评估表是什么样的？我们看看下面小军的评估表吧。

表3-8 儿童沟通能力评估表（小军，3岁）

阶段	1	2	3	4	5
年龄	0-6个月	6-12个月	12-18个月	1.5-3岁	3-5岁
语言	孩子会哭或发出咿呀声吗?【×】	孩子能重复声音并能和谐地发出咿呀声吗?【×】	孩子能使用有意义的声音和别人能明白的单词吗?【×】	孩子能使用一些单独的词，有时也能把两个词放在一起用吗?能有意义地发声，但无法说能让人明白的话。【×】	孩子能把几个单词放在一起组成句子吗?陌生人能理解他说的话吗?如"不能"，请说明。

续上表

阶段	1	2	3	4	5
年龄	0～6个月	6～12个月	12～18个月	1.5～3岁	3～5岁
理解能力	孩子理解基本需要如何得到满足吗？比如在饿或尿湿的情况下哭。【√】	在使用手势表达简单指令时，孩子能理解吗？【√】	在没有使用手势时，孩子能服从指令吗？比如出示身体的某些部分。【√】	孩子像其他的同龄孩子一样能理解简单语言吗？理解，但不能用言语做出反应。【√】	孩子能理解并参与会话吗？
手势	孩子会微笑、皱眉或笑吗？【√】孩子会向物品伸出手吗？【√】	孩子会用手指出他感兴趣的物品或人吗？尝试。【√】	孩子能使用与情景相联系的手势吗？如挥手"再见"、拍手"谢谢"。尝试，但有困难。【√】	孩子会使用手势让其他人为他做事吗？如在想喝水时指指茶杯。【只能指】	孩子能使用手势来表达出他自己的信息吗？
游戏能力	孩子对人或事感兴趣吗？【√】他有视线接触吗？【√】	孩子想要探究/玩耍物品吗？尝试。【√】他会寻找被藏起来的物品吗？【√】	孩子喜欢简单的假想性游戏吗？如把勺子放进杯子里，假装自己吃饭。尝试。【√】	孩子玩积木吗？尝试。【√】孩子模仿一些简单的家庭活动吗？尝试。【√】	孩子喜欢有规则的游戏吗？孩子和其他小朋友一起玩假想性游戏吗？
注意力	在妈妈/照顾者说话时孩子望向她吗？【√】	孩子望向新的声音或事物吗？【√】	孩子可以参加简单的任务并且不被新的声音或事物分散注意力吗？【√】	孩子可以长时间参与一个更困难的任务吗？如搭积木和进行假想性游戏。【√】	孩子在做一件事时，能听并对别人说话吗？

续上表

阶段	1	2	3	4	5
年龄	0～6个月	6～12个月	12～18个月	1.5～3岁	3～5岁
听力	孩子对声音有反应并看声音从哪里发出的吗？【√】	孩子能区分不同的声音及它们的意义吗？如狗叫和汽车行驶。【√】	在妈妈/照顾者说话时孩子听吗？【√】	孩子能更仔细地听说话吗？他尝试模仿单词吗？很困难。	在嘈杂的环境里，孩子可以忽略其他噪音而听妈妈/照顾者说话吗？
轮流互动和模仿	孩子能和妈妈/照顾者轮流发出声音吗？也就是在妈妈重复了孩子的声音后，孩子能再重复？【尝试】【√】	孩子用有趣的方法重复自己的声音吗？【×】	孩子模仿成人的动作或声音吗？【非常困难】孩子想要成人参与他的游戏吗？【√】	孩子开始尝试重复他听到的单词吗？非常困难。	孩子可以在会话中轮流互动吗？
日常生活活动	孩子可以抿住勺子吗？【√】孩子可以把食物放进口中吗？【√】	孩子可以咀嚼食物和用杯子喝水吗？【非常困难】孩子配合脱穿衣服吗？【√】	孩子能自己吃饭吗？【尝试】自己脱穿简单的衣服？孩子开始如厕训练了吗？【√】	孩子可以自己洗手、洗脸吗？【尝试】孩子可以穿简单的衣服吗？【×】孩子差不多能自己如厕吗？【√】	可以自己洗并擦干吗？可以自己脱穿衣服吗？能自己如厕吗？
粗大运动	孩子双手能放在中线吗？【√】孩子能支撑着坐吗？需要特殊座位。	孩子可以爬吗？【×】能拉着他站起来吗？【×】可以支撑着走吗？【×】	孩子可以走吗？【×】孩子跑时显得僵硬吗？【×】	孩子可以随意地跑吗？【×】孩子可以双腿跳吗？【×】	孩子可以单脚跳吗？孩子可以跳跃吗？孩子可以蹦吗？

能力：理解能力、注意力、听力。

需要：言语、粗大运动、日常生活活动（特别是吃饭）。

小军的理解能力很好，但是他不能发出一点清楚的言语。因此，最重要的是为他找到另外一种能表达自己的方法。

三、伴有其他问题的脑瘫儿童沟通能力评估

现在让我们看看有其他问题的脑瘫儿童莎莎的评估表。

表3-9 儿童沟通能力评估核对表（莎莎，7岁）

阶段	1	2	3	4	5
年龄	0～6个月	6～12个月	12～18个月	1.5～3岁	3～5岁
语言	孩子会哭或发出咿呀声吗？【√】	孩子能重复声音并能和谐地发出咿呀声吗？只发出少量声音。	孩子能使用有意义的声音和别人能明白的单词吗？【√】	孩子能使用一些单独的词，有时也能把两个词放在一起用吗？	孩子能把几个单词放在一起组成句子吗？陌生人能理解他说的话吗？如"不能"，请说明。
理解能力	孩子理解基本需要如何得到满足吗？比如在饿或尿湿的情况下哭。【√】	在使用手势表达简单指令时，孩子能理解吗？在他注意时。【√】	在没有使用手势时，孩子能服从指令吗？比如出示身体的某些部分。【√】如果指令非常简单的话。	孩子像其他的同龄孩子一样能理解简单语言吗？	孩子能理解并参与会话吗？
手势	孩子会微笑、皱眉和笑吗？【√】孩子会向物品伸出手吗？【√】	孩子会用手指出他感兴趣的物品或人吗？【√】	孩子能使用与情景相联系的手势吗？如挥手"再见"、拍手"谢谢"。尝试。【√】	孩子会使用手势让其他人为他做事吗？如在想喝水时指指茶杯。	孩子能使用手势来表达出他自己的信息吗？

续上表

阶段	1	2	3	4	5
年龄	0～6个月	6～12个月	12～18个月	1.5～3岁	3～5岁
游戏能力	孩子对人或事感兴趣吗?【√】他有视线接触吗?被帮助时。【√】	孩子想要探究/玩耍物品吗?尝试。【√】他会寻找被藏起来的物品吗?【√】	孩子喜欢简单的假想性游戏吗?如把勺子放杯子里,假装自己吃饭。【×】	孩子玩积木吗?孩子模仿一些简单的家庭活动吗?	孩子喜欢有规则的游戏吗?孩子和其他小朋友一起玩假想性游戏吗?
注意力	在妈妈/照顾者说话时孩子望向她吗?需要被鼓励。【√】	孩子望向新的声音或事物吗?但非常容易分散。【√】	孩子可以参加简单的任务并且不被新的声音或事物分散注意力吗?容易分散。【×】	孩子可以长时间参与一个更困难的任务吗?如搭积木和进行假想性游戏。	孩子在做一件事时,能听并对别人说话吗?
听力	孩子对声音有反应并看声音从哪里发出吗?【√】	孩子能区分不同的声音及他们的意义吗?如狗叫和汽车行驶。【√】	在妈妈/照顾者说话时孩子听吗?在被鼓励时听。【×】	孩子能更仔细地听说话吗?他尝试模仿单词吗?	在嘈杂的环境里,孩子可以忽略其他噪音而听妈妈/照顾者说话吗?
轮流互动和模仿	孩子能和妈妈/照顾者轮流发出声音吗?也就是在妈妈重复了孩子的声音后,孩子能再重复吗?尝试。【√】	孩子用有趣的方法重复自己的声音吗?用有限的方法。【√】	孩子模仿成人的动作或声音吗?【×】孩子想要成人参与他的游戏吗?【√】	孩子开始尝试重复他听到的单词吗?	孩子可以在会话中轮流互动吗?

续上表

阶段	1	2	3	4	5
年龄	0～6个月	6～12个月	12～18个月	1.5～3岁	3～5岁
日常生活活动	孩子可以抿住勺子吗？【√】孩子可以把食物放进口中吗？【×】	孩子可以咀嚼食物和用杯子喝水吗？【√】孩子配合脱穿衣服吗？【√】	孩子能自己吃饭吗？【×】自己脱穿简单的衣服吗？【×】开始如厕训练了吗？【√】	孩子可以自己洗手、洗脸吗？孩子可以穿简单的衣服吗？孩子差不多能自己如厕吗？	可以自己洗并擦干吗？可以自己脱穿衣服吗？能自己如厕吗？
粗大运动	孩子双手能放在中线吗？【√】孩子能支撑着坐吗？需要特殊座位。【√】	孩子可以爬吗？【×】能拉着他站起来吗？在帮助下。可以支撑着走吗？【×】	孩子可以走吗？孩子跑时显得僵硬吗？	孩子可以随意地跑吗？孩子可以双腿跳吗？	孩子可以单脚跳吗？孩子可以跳跃吗？孩子可以蹦吗？

能力：理解能力、手势。

需要：言语、游戏能力、注意力、听力、日常生活活动、粗大运动。

莎莎不仅有脑瘫，还有严重的学习困难。不仅仅是言语，她所有的沟通能力都迟缓——这会怎样影响到我们给莎莎的目标计划呢？

四、脑瘫儿童沟通能力评估结果比对

把评估结果与以下表格进行对照，这能帮助你确定被评估孩子的主要问题是身体残疾还是其他相关的困难。

表3-10 脑瘫患儿沟通能力评估表

沟通能力	受影响情况
言语	轻—重度影响，依据身体障碍和/或智力障碍的程度。
理解能力	没有困难，除非同时有智力障碍。
手势	可能比言语容易。

续上表

沟通能力	受影响情况
游戏能力	可能因身体障碍和/或智力障碍而受影响。
注意力	经常受影响。
听力	经常受影响。
轮流互动和模仿	可能因身体障碍和/或智力障碍而受影响。
日常生活活动	轻—重度影响依据身体障碍和/或智力障碍的程度。
粗大运动	轻—重度影响。

按照脑瘫的严重程度及是否伴有其他困难，脑瘫孩子的沟通能力会受到不同程度的影响。我们必须记住，每个孩子都是不同的，我们的目标计划必须考虑到每个孩子的个别需要。

第4章 为脑瘫儿童制订目标计划

第1节 目标计划的制订

在上一章里,我们介绍了如何为因脑瘫而产生沟通困难的儿童进行评估的问题。现在,我们要看如何制订目标计划,这样我们就可以填写第3章提到的评估表了。

一、目标计划的基本概念

1. 目标计划是什么意思

评估过后,我们应该考虑孩子需要发展什么新的能力,这就是对孩子的目标。然后我们需要考虑哪些活动可以帮助孩子学习这些新能力,谁可以帮助他完成这些活动,这就是目标计划。

2. 我们为什么需要制订目标计划

制订目标计划能促使我们更精确地考虑孩子需要什么及如何具体地满足这些需要。所以,一份目标计划能为我们提供工作的重点和方向。没有目标计划,我们对孩子所获得的成绩或对我们所定下的目标就没有一个衡量标准。一份好的目标计划确保了孩子能够获得进步——这能鼓励到每个人。

3. 什么时候制订目标计划

每次评估了孩子的沟通能力之后,我们都应该制订目标计划。正如随着时间的推移我们需要更新对孩子的评估一样,我们也需要更新目标计划。应该不断地评估并制订目标计划。

4. 如何制订目标计划

我们需要做的第一件事是为孩子的能力和需要进行评估。接下来就可以开始设定目标,并考虑哪些活动能帮助孩子达到所定的目标。

5. 好的目标计划的重要性

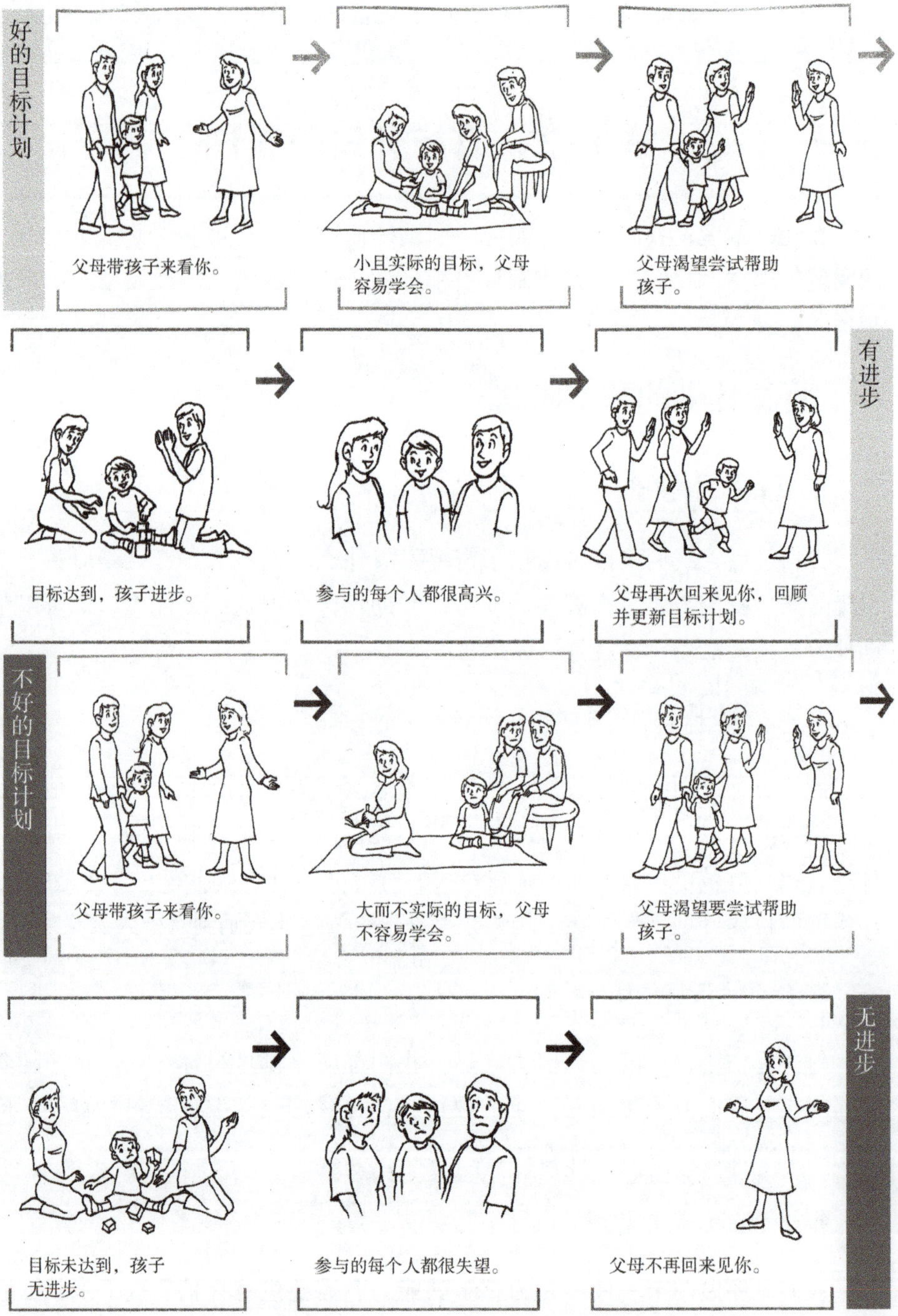

好的目标计划

- 父母带孩子来看你。
- 小且实际的目标，父母容易学会。
- 父母渴望尝试帮助孩子。
- 目标达到，孩子进步。
- 参与的每个人都很高兴。
- 父母再次回来见你，回顾并更新目标计划。

有进步

不好的目标计划

- 父母带孩子来看你。
- 大而不实际的目标，父母不容易学会。
- 父母渴望要尝试帮助孩子。
- 目标未达到，孩子无进步。
- 参与的每个人都很失望。
- 父母不再回来见你。

无进步

图4-1 好的目标计划和不好的目标计划

二、制订目标计划指南

（1）拿出已经完成的评估表，看孩子沟通能力的各个方面，并注意哪些方面有困难和需要。

（2）他们在哪些方面有困难，就是他们需要帮助的地方，你的长期目标就是要改善它们，把它们记录在评估表的"长期目标"的下方。

（3）决定需要首先帮助长期目标中的哪些沟通能力。

（4）想出三四个能帮助孩子发展这些沟通能力的目标，这些将成为你的短期目标（把它们写在评估表"短期目标"的那一栏里）。

（5）现在想出有助于发展这4种能力的一些活动（在"如何"一栏里详细描述你所选择的活动）。

（6）在"由谁完成"一栏里，填上谁将与孩子一起完成这些活动。

（7）在目标计划的底部填上你的名字、评估日期及下次评估的时间。

（8）这就是你的目标计划（与孩子的父母一起复习它，并教他们如何在家实施计划）。

在你下次见到孩子和父母时，用评估表和目标计划回顾孩子的进步，以此来更新目标计划。

第2节 目标计划书的填写

现在，我想马上就去填写一份目标计划书。记得第3章提到的John Muponda吗？好吧，继续读……

在前一章里，我们完成了John Muponda的评估表的第1、2、3页。

现在，我们要用这些信息来为他起草一份适合的目标计划，完成评估表的第4页。

一、目标计划书格式

目标

长期目标：改善孩子有困难的沟通能力。可能需要花12个月或更长的时间。

短期目标：如何执行？由谁执行？

提示：

（1）记录4个可以帮助孩子达到他的长期目标的短期目标。我们使用什么活动来达到短期目标，如何把这些活动教给孩子？随着孩子的进步，你需要增加或改变活动。说明由谁为孩子执行活动。确保有人可以负责帮助孩子。

（2）3~6个月时间应该能达到短期目标。

（3）目标3。

（4）目标4。

注意：

向父母清楚地解释孩子的长期和短期目标的重要性。要确定他们理解并同意这些目标，他们也应该知道我们准备如何达到这些目标。

下次复诊时间：

我们准备下次在何时、何地见家长和孩子。会见者姓名：你的名字。

日期：当天的日期。

二、目标计划书样本——John Muponda 的案例

目标

长期目标：改善 John 的注意力和听力。

表4-1 目标计划

短期目标	如何执行	由谁执行
1. 让 John 对人更有兴趣（注意力）。	对 John 说话时使用有趣的面部表情和声音。当你对他说话时，鼓励他看着你。	所有家庭成员
2. 让 John 对周围发生的事更有兴趣（注意力）。	在日常生活中，让 John 注意他周围发生的事情。对他解释并鼓励他看正在发生的事——例如在你做晚饭时，公共汽车开过时，或你给他洗澡时。	哥哥

续上表

短期目标	如何执行	由谁执行
3. 在叫 John 的名字时，让他有所反应（听力）。	叫 John 的名字。通过轻轻触摸他的胳臂，鼓励他回过头看着你。	所有家庭成员
4. 让 John 对他周围日常生活中的声音有兴趣（听力）。	鼓励 John 听在他周围的声音。和他谈论这些声音，对他解释如何发出这些声音以及它们的意思。例如磁盘的叮当声意味着吃饭；脚步声意味着一个人走过来。	姐姐

下次复诊时间：
2012 年 10 月 24 日，在 Ruangwe

会见者姓名：V. MUZUVA
日期：2012 年 9 月 24 日

第 3 节　与父母沟通

现在你已经完成了评估表的第 4 页……
但是，并非就万事大吉了。
要知道，对孩子来说，父母才是最重要的！
所以，要与孩子的父母沟通，要让孩子的父母明确了解要做什么、怎么做。

一、与父母沟通要考虑的问题

想一想：
- 父母认为他们的孩子需要帮助的哪些主要方面，我的目标计划考虑到了吗？
- 我有没有把孩子的长期目标和短期目标给父母解释清楚，这样他们对孩子可以达到什么程度才能有实际的想法；
- 我所给的目标和活动合适吗？它们在孩子的家中能被实施吗？
- 我为孩子制定的目标是否是循序渐进且切实可行的？
- 我是否给孩子家人过多的活动让孩子做？或是我只给了少量且更容易

执行的活动？

● 我清楚地知道谁会为孩子在家里做这些活动吗？我已经好好地教导了那人吗？

做得好，现在你完成了目标计划和评估表。

但是，请等一下，还有最后一个问题。你一直提到"教导父母"，这很重要吗？我应该怎么教呢？

又一个好问题——我们现在就看看……

教父母如何在家帮助他们的孩子是非常重要的。因为他们是最能帮助到孩子的人——他们和孩子一起生活，他们比我们更了解孩子。

记住，父母是最重要的人！

二、教导父母执行活动的指南

（1）一次只做一个活动。

（2）向父母说明这个活动。

（3）清楚地解释这个活动能如何帮助到孩子。

（4）让父母观看你自己和孩子做这个活动。

（5）然后再让父母来做这个活动。

（6）如果他们所做的不符合你的要求，对他们解释他们在哪里出现了错误，并让他们再做一次。

（7）要求父母向你解释：他们为什么做这个活动，以及这个活动将如何帮助到孩子。

（8）教完了所有活动后，询问父母是否还有问题，以及他们是否理解所有告诉过他们的事情。

（9）如果可能，给父母一张书面目标计划（用他们自己的语言），拿回家与其他家庭成员一起看。

（10）确定你已为父母在孩子的病历卡上记录了回来复诊的时间和地点，并确定在自己的档案上也记录了相同内容。

三、与父母沟通要注意的问题

想一想：

● 父母能否理解他们的孩子所存在的问题；

- 他们对孩子有切实的期待吗？他们知道取得进步需要花时间，且可能是缓慢的吗？——孩子不会立即改变，但他们不要因此就灰心；
- 他们有信心向其他家庭成员和社会解释孩子的问题和需要吗？他们得到了其他家庭成员和社会的支持吗？
- 父母理解你教给他们的活动的目标吗？
- 假如另外一个人将代替父母继续帮助孩子，父母能够有效地教导他吗？
- 如果活动需要使用玩具，他们家里有吗？另外，他们能够每天花些时间和孩子一起做活动吗？向父母强调许多活动是可以在日常生活情景中完成的；

等一下，关于父母，你说了很多。但你却忘了我——孩子，因为我才是最终的学习者，所以如果你想要我学会，你也必须记住，

- 当我尝试时表扬我；
- 对我始终保持一致；
- 有耐心；
- 最重要的是，活动要有趣。

在教给父母目标计划之后，我们需要考虑将来在帮助孩子时，我们自己要扮演什么角色。基本上，我们需要：

- 不断地回顾，看孩子有无取得进步；
- 把我们的技能教给父母。

四、回顾孩子的进步

包括：

- 询问父母是否执行了你上次教给他们的活动；
- 询问父母是否注意到了孩子的改变，并相应地更新评估表；
- 再看一遍为孩子制定的那些目标（有必要的话，重新制定目标并给予新的活动）；
- 当孩子的需要有改变时，把他介绍给其他能帮助他的人；
- 回答父母提出的问题；
- 继续为父母提供鼓励和支援。

你和孩子做了上次我给你们的哪些活动吗？

你认为孩子在很多方面都有了改变吗？

现在让我们来试一些新的活动……

我应该强迫我的孩子开口说话吗？

一步一步地来，你的孩子会取得进步的。

记住：

每次在看孩子时，都必须记录下我们所给的建议和孩子所取得的进步。我们也应该记录家庭情况的任何改变，以及任何可能影响到孩子的因素。不要忘记——我们的记录应该写得非常清楚，这样，以后别人才能看明白。

我们可以把回顾孩子的进步与教导家长的技能结合在一起，其实这也是最好的办法。

家长和孩子的小组活动是达到这些目标的一个有效方法。

五、关于目标计划需要记住的重点

一个好的目标计划，对于指导我们和孩子的工作方向是必不可少的。

- 目标计划必须包括父母的参与——因为他们是最能帮助到孩子的人，所以他们也是最重要的人；
- 目标计划应该根据一个孩子的特定需要而制定；
- 为了能制订一个好的目标计划，我们首先必须做一个好的评估；
- 目标计划必须是实际的，它由一些小的、可行的步骤组成；
- 通常，一次制定4个短期目标就够了；
- 我们所制定的短期目标必须与我们想要孩子达到的长期目标有关系，在制订目标时，我们需要仔细考虑首先帮助孩子发展哪些方面的能力——记住那个"沟通房子"；
- 本书提到的方法可以帮助我们制订一个合适的目标计划——使用那些方法吧；
- 我们必须完整地教导父母这些活动；
- 目标计划是一个长期进行的过程，在孩子进步时应该更新目标计划。

第4节 为脑瘫儿童沟通能力康复制订目标计划

一、制订沟通能力康复计划要因人而异

前面我们看了制定目标计划的一般原则。现在我们要用这些原则为脑瘫

儿童制订目标计划。

就像我们已经说过的，每个脑瘫儿童都是不同的，他们的需要和目标计划也会不同。让我们想想我们已经评估过的3个孩子：

- 小童最大的需要是改善言语和日常生活活动（特别是吃饭）。
- 小军最大的需要是改善言语、日常生活活动（特别是吃饭）和粗大运动。
- 莎莎最大的需要是言语、游戏能力、注意力、听力、粗大运动和日常生活活动。

对于每一个孩子，我们的长期目标都是通过帮助他们最有困难的方面来改善他们的沟通能力。我们继续看帮助这些孩子的方法。

请告诉我，我怎么知道应该从孩子的哪个需要开始帮助？

嗯，你还记得"沟通房子"吗？我们在第三部分讨论过它可以帮助我们制订目标计划。就让我用这个方法来帮助我们制订小童、小军和莎莎的目标计划吧。

虽然小童和小军都有言语的困难，但是他们其他的沟通能力都很好。他们的"沟通房子"很牢固，只是油漆的工作——言语没那么好而已。现在，因为小童已经有一些可识别的言语，所以我们对他的长期目标就是要改善言语。但是，因为小军的言语永远都不可能成为有效的沟通方法，所以我们对他的长期目标是要帮助他用另外一种方法来进行沟通。

对于所有的孩子，我们必须考虑言语对他们来说是不是一个实际的目标，并据此设定目标。

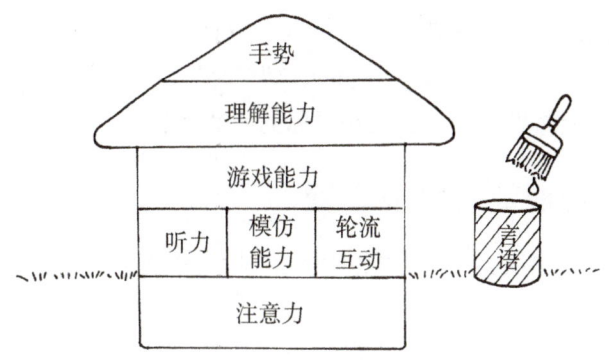

图4-2 "沟通房子"与言语

现在，让我们想想莎莎吧！

莎莎也有脑瘫，但是与小童和小军不同的是，除了言语外，她在沟通的许多方面都有困难。她的"沟通房子"从地基开始就不牢固。她主要有困难的方面是注意力、听力、游戏能力和言语。考虑一下你会给莎莎制定什么目标呢？

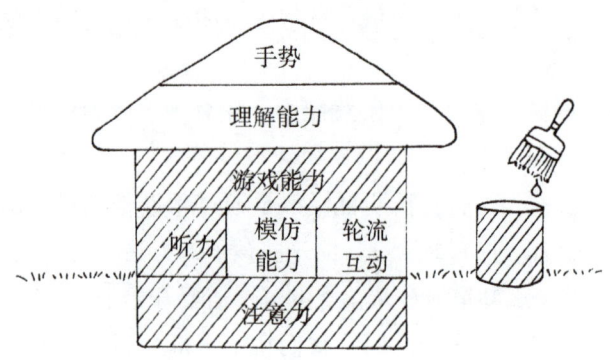

图4-3 莎莎的"沟通房子"

小童有脑瘫，但没有其他方面的困难，我们对他的主要目标是改善其言语和日常生活活动（特别是吃饭）。

小军有脑瘫，没有其他方面的困难，但是对他来说言语永远都不能成为主要的沟通方法，所以我们的目标是发展一些其他沟通的方法（如声音、手势和图片）来改善其粗大运动和日常生活活动（特别是吃饭）。

莎莎有脑瘫，还有其他方面的困难，我们的目标是改善其注意力、听力、游戏能力、言语能力、粗大运动和日常生活活动。

注意：这些孩子的粗大运动和日常生活活动可能都需要帮助，但是在本手册里我们只关注他们沟通方面的需要。

现在，我们要看如何达到沟通目标，为此，我们需要制定短期目标，然后我们需要设计能帮助我们达到这些目标的活动（见下章）。

二、小童的沟通能力康复计划

这是小童目标计划的一个例子。记住，他有脑瘫但没有其他问题。
目标
- 长期目标：改善言语及日常生活活动（吃饭）；
- 短期目标：（见下表）。

表4-2 小童的短期目标计划

短期目标	如何执行	由谁执行
1. 使小童的言语更清楚。	在镜子前和小童做游戏，扮不同的鬼脸。模仿彼此的脸。	妈妈和姐姐
2.	把花生酱、果酱或糖涂在小童的嘴唇周围，然后让他去舔。	哥哥
3.	做吹一片纸，或一片叶子的游戏，在桌子上吹向对方。 在小童没有说清楚一个单词时，鼓励他更清晰地重复这个词。	哥哥和姐姐 每个人
4. 帮助小童发展更好的咀嚼技能。	帮助小童发展更好的咀嚼技能。给小童尝试不同的食物——不要只给他吃软的食物。把面包皮或一块肉放在嘴的一边的上下牙之间。	妈妈

下次复诊时间：
2012年4月4日

会见者姓名：×××
日期：2012年3月3日

记住：随着时间的推移，当小童的需要发生变化时，他的目标计划也要改变。我们要准备好随时重新评估并相应地改变目标计划。

三、小军的沟通能力康复计划

这是小军的目标计划。他有脑瘫，但没有其他困难，然而，对他来说言语永远都不能成为他沟通的主要方法。

目标

● 长期目标发展一种更有效的表达方法，改善日常生活活动（特别是吃饭）。

● 短期目标：

表4-3 小军的短期目标计划

短期目标	如何执行	由谁执行
1. 鼓励小军的家人使用另一种沟通方法。	与小军的家人讨论他的沟通困难，并强调发展其他表达方法的需要。	由康复师安排见面日期

续上表

短期目标	如何执行	由谁执行
2. 介绍使用图片和手势作为沟通的方法。	制作10张独立的图片，每一张都和小军的需要有关，比如"喝"、"球"、"妈妈"、"粥"。	妈妈和哥哥姐姐们
3.	依次拿出每张图片并教给他每张图片的意思和合适的手势。	
4.	把所有图片都粘在一张板上，让小军可以看到并接触到所有图片。在真正沟通的时候使用这些图片。比如问他想要什么——然后帮助他通过使用手势或指出图片来告诉你。	

下次复诊时间：　　　　　　　　　　　会见者姓名：

2011年7月9日　　　　　　　　　　　日期：2011年5月4日

注意：我们决不能强迫一个人说话。如果通过使用另一种沟通方法能帮助他更有效地沟通，那我们就应该那样去帮助他。

四、莎莎的沟通能力康复计划

最后是莎莎的目标计划，除了脑瘫外，她还有其他的困难。

目标

- 长期目标——改善注意力、听力、游戏能力和言语能力。
- 短期目标：

表4-4　莎莎的短期目标计划

短期目标	如何执行	由谁执行
1. 让莎莎能更仔细地看别人的脸和物品。	在对莎莎说话时，为了引起她的注意，使用有趣的声音和表情。拿着你正在谈论的东西，靠近你的脸。	全家人
2. 让莎莎向声音的方向看。	在莎莎的脸的一边摇动铃铛，帮助她看着铃铛。向另一边摇动时，再次帮助她将脸转向铃铛。	全家人

续上表

短期目标	如何执行	由谁执行
3. 让莎莎探究物品。	帮助莎莎感觉不同物品。握着她的手去感觉一个球、一把勺子、你的脸和任何其他东西。	哥哥姐姐们
4. 让莎莎发出更多声音。	和莎莎做使用声音的游戏，如洗澡时拍打水，在你的膝上摇动她，吹她的肚子。	哥哥姐姐们

下次复诊时间：　　　　　　　　　　会见者姓名：×××

2012 年 11 月 1 日　　　　　　　　日期：2012 年 10 月 1 日

据此，你可以看出莎莎与小童和小军的目标计划非常不同。这是因为她除了有脑瘫外还有智力障碍。

● 除了制订孩子的个人目标计划外，我们还要清楚每天与孩子的接触也是很重要的；

● 如果我们能很好地使用我们的沟通技能，就能鼓励他用他自己的方法进行沟通。

下一章里，我们会讨论各种能加强和孩子沟通的活动。

第5章 改善沟通能力的活动方法

在评估孩子的沟通困难并制定了沟通目标之后，我们就要考虑采用什么方法才能改善孩子的沟通能力了。本章介绍常用的改善沟通能力的活动方法。因为残疾儿童可能需要发展不同的沟通能力。因此，本章对各种沟通能力发展的活动都有一些介绍。下章则讨论适用于脑瘫儿童的一些专门的活动方法。

第1节 沟通能力要素

一、沟通能力各要素

好，我想我现在明白了。但我还有一些问题想问你：你说我们应该决定从哪些困难的方面开始帮助，但是如果孩子在许多方面都有困难，我们要如何选择呢？

问得好。让我这样来回答你的问题：有一个可以帮助你做决定的方法是，我们需要了解孩子沟通技能的组成就像房子的构造一样……记住，关于这一点我们在第一章里已经看过了。

沟通能力各要素，见此前曾提到过的"沟通房子"：

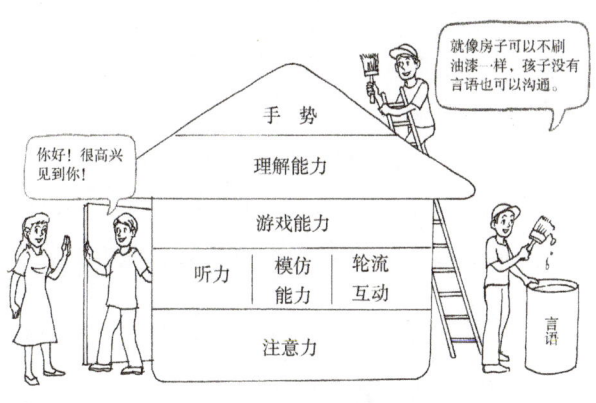

图5-1 "沟通房子"

就像我们用一块块的砖建筑房子一样，孩子的沟通也由一个个的能力组成。在沟通所需要的各种能力中，注意力是房子的地基，它是最重要的能力。若没有它，孩子学习其他沟通所需的能力就会很困难。

我们把听力、模仿能力、轮流互动和游戏能力作为建房子的砖块，它们能帮助孩子建立理解能力并使用手势。理解能力和手势构成了房顶。我们把言语比作房子的油漆。这是一个完整的"沟通房子"。在看一个孩子某方面有困难时，我们需要记住建筑房子的顺序。首先是地基，然后是砖块，接着是房顶，最后是油漆。这也是建立沟通能力的顺序，我们应该按照它们的顺序进行工作。

所有的沟通能力是在孩子出生后慢慢发展并相互依靠的，记住这一点很重要。没有一个沟通能力可以独立发展，一个能力的发展很可能同时也关联着其他能力的发展。

所以，通过建立所有的这些能力，我们就能够为孩子的沟通打开一扇门。

二、优先考虑的沟通能力

那么，回到你的问题——如果孩子在许多方面都有困难，记得"沟通房子"是如何建立的，这将帮助你决定先从哪个方面开始工作。让我们来想想John Muponda——他在注意力、听力、游戏能力、理解能力和使用手势方面都有困难。我们应该选择从注意力和听力两方面着手帮助他，因为它们是"沟通房子"的基础。在这些能力发展得比较好之后，我们再改进其他方面。还有别的问题吗？

我的第二个问题是，在决定了首先集中精力帮助哪个方面后，我们如何知道要给予孩子什么活动去建立哪方面的能力呢？

又是一个好问题！有时候，考虑要给孩子安排什么样的活动是件不容易的事，但如果你继续往下读，在后面的几页里你会发现很多方法可供选用。

下面我们会讨论发展各种不同沟通能力所需要的活动设计。

这些沟通能力包括注意力、听力、轮流互动和模仿、游戏能力、理解能力、手势和言语。

这些活动的设计是与沟通能力评估表同时使用的。如评估表中的各栏所示，这些活动按相同的发育阶段被分类。

你会注意到一些活动将重复出现多次。这是因为一个活动可以帮助改善许多不同的能力。

所有的活动只使用日常生活用品及日常生活情景,并不需要昂贵的设备。

记住,这些活动只是给你提供了一些活动方法的建议——你和孩子的家长也能想出很多同样好的活动。

现在让我们详细地看看针对各种沟通能力的活动方法。

第2节　针对注意力的活动方法

注意力是孩子对周围的人或事能集中精力的能力。

为了学习任何一种新技能,孩子都需要有良好的注意力。

注意力的发展在孩子一出生,第一次看到妈妈的脸时就开始了。

它发展成可以长时间专注于一件事的能力。通过成人的指引,发展他的某些注意力。

"注意力"的头两个阶段是集中精力于鼓励孩子对人和情景表现出更多的兴趣。

在以后的阶段,还将集中精力于鼓励孩子对在他周围所发生的事感兴趣,并能长时间集中注意力在更复杂的活动上。

1. 第一阶段　0~6个月儿童注意力培养方法

图5-2　0~6个月儿童注意力培养方法

2. 第二阶段 6～12个月儿童注意力培养方法

图5-3 6～12个月儿童注意力培养方法

3. 第三阶段 12～18个月儿童注意力培养方法

图5-4 12～18个月儿童注意力培养方法

第 5 章　改善沟通能力的活动方法

4. 第四阶段　18个月到3岁儿童注意力培养方法

图 5-5　18个月～3岁儿童注意力培养方法

5. 第五阶段　3～5岁儿童注意力培养方法

图 5-6　3～5岁儿童注意力培养方法

第 3 节 针对听力的活动方法

听力是孩子能仔细听声音和言语的能力。

如果孩子要学习和理解口头语言,就需要有仔细聆听的能力。

孩子一出生,对周围所有声音有意识,并开始对它们做出反应时,听力就开始发展了。

之后就发展成为有选择性的聆听的能力。

"听力"的头两个阶段集中精力于鼓励孩子去倾听所有声音和跟别人说话的声音。

以后的阶段是要鼓励孩子更仔细地聆听,以此帮助他理解声音和言语。

1. 第一阶段 0～6个月儿童听力培养方法

图 5-7 0～6个月儿童听力培养方法

第 5 章　改善沟通能力的活动方法

2. 第二阶段　6～12个月儿童听力培养方法

第二阶段	6～12个月
摇晃铃铛。	鼓励你的孩子听不同的声音。
做有旋律的歌曲的手指游戏。	谈论一个物品。

图 5-8　6～12个月儿童听力培养方法

3. 第三阶段　12～18个月儿童听力培养方法

第三阶段	12～18个月
让他拿他所知道的物品。	说出身体部位的名字，让他去摸。
做游戏时发出各种声音。	给他选择的机会。

图 5-9　12～18个月儿童听力培养方法

4. 第四阶段　18个月到3岁儿童听力培养方法

图5-10　18个月～3岁儿童听力培养方法

5. 第五阶段　3～5岁儿童听力培养方法

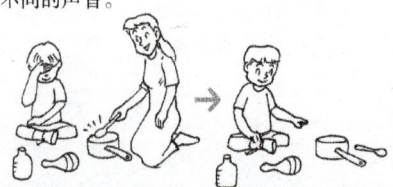

图5-11　3～5岁儿童听力培养方法

第4节 针对轮流互动和模仿能力的活动方法

轮流互动和模仿能力是孩子在游戏过程中与别人轮流互动,并重复其他人的动作、声音和单词的能力。

为了能与其他人相互影响,孩子需要有轮流互动的能力。他必须可以模仿,才能学习新技能。

在孩子还小的时候,他的轮流互动和模仿能力就已经开始发展了。当妈妈重复孩子的动作和声音时,孩子也会反过来模仿妈妈的声音和动作。

轮流互动和模仿能力的头两个阶段集中精力于通过在简单游戏中与其他人直接接触来发展。

以后的阶段集中精力使孩子参与更复杂的活动,这需要更好的合作能力和理解能力。

1. 第一阶段 0~6个月儿童轮流互动和模仿能力培养方法

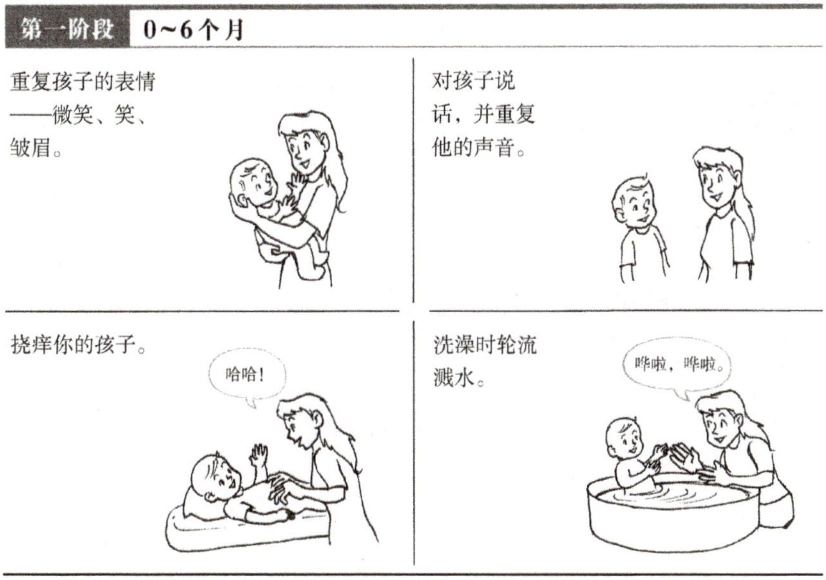

图5-12 0~6个月儿童轮流互动和模仿能力培养方法

2. 第二阶段　6～12个月儿童轮流互动和模仿能力培养方法

图5-13　6～12个月儿童轮流互动和模仿能力培养方法

3. 第三阶段　12～18个月儿童轮流互动和模仿能力培养方法

图5-14　12～18个月儿童轮流互动和模仿能力培养方法

第 5 章 改善沟通能力的活动方法

4. 第四阶段 18 个月~3 岁儿童轮流互动和模仿能力培养方法

第四阶段 **18个月~3岁**

图 5-15 18 个月~3 岁儿童轮流互动和模仿能力培养方法

5. 第五阶段 3~5 岁儿童轮流互动和模仿能力培养方法

第五阶段 **3~5岁**

图 5-16 3~5 岁儿童轮流互动和模仿能力培养方法

第5节　针对游戏能力的活动方法

游戏能力是孩子借助环境中的人和事,以一种有想象力、创造力和令人愉快的方法学习的能力。

孩子的游戏能力是必不可少的,因为通过游戏他能学习到沟通所需要的所有其他能力。

游戏能力在孩子一出生,喜欢自己发出声音并聆听声音,以及看并触摸脸就开始发展了。

它能发展到可以参与复杂的、有规则的游戏的能力。

"游戏能力"的头两个阶段集中精力于教孩子一些简单的游戏——只需一个同伴,并使用简单物品的游戏。

以后的阶段则着眼于更有想象力的玩乐和更复杂的游戏。

1. 第一阶段　0～6个月儿童游戏能力培养方法

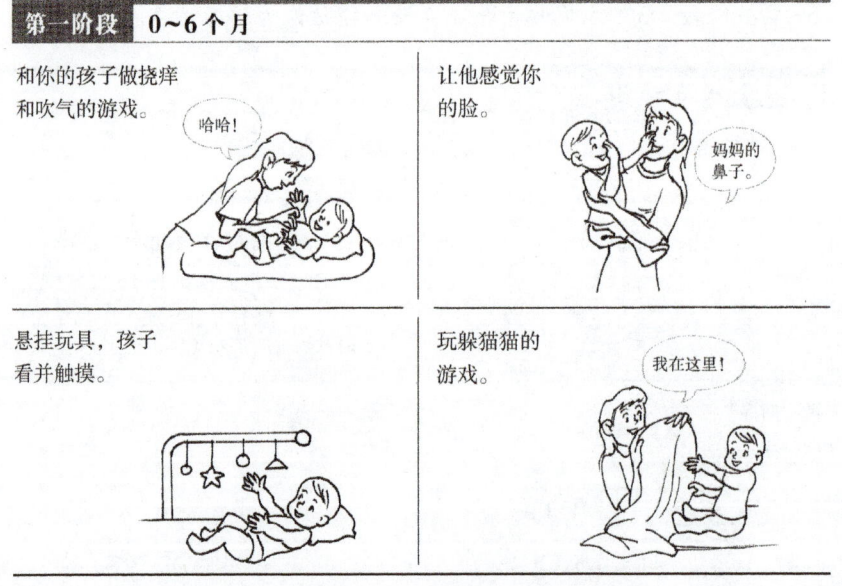

图5-17　0～6个月儿童游戏能力培养方法

第 5 章　改善沟通能力的活动方法

2. 第二阶段　6～12个月儿童游戏能力培养方法

| 第二阶段 | 6～12个月 |

做手指游戏。

做"身体游戏"——摇晃、举起、挠痒。

给他物品握着，然后谈论物品。

这是一个杯子！

杯子

让他感觉许多不同的玩具。

图5-18　6～12个月儿童游戏能力培养方法

3. 第三阶段　12～18个月儿童游戏能力培养方法

| 第三阶段 | 12～18个月 |

用线拴着玩具让孩子拉。

汽车开过来了！

让玩具消失不见，然后再出现。

哪里去了？在这里！

敲打锅或盒子。

互相推球、拍球。

球来了！

图5-19　12～18个月儿童游戏能力培养方法

4. 第四阶段　18个月～3岁儿童游戏能力培养方法

图5-20　18个月～3岁儿童游戏能力培养方法

5. 第五阶段　3～5岁儿童游戏能力培养方法

图5-21　3～5岁儿童游戏能力培养方法

第6节　针对理解能力的活动方法

理解能力是孩子可以明白别人、情景和语言的能力。

为了参与沟通，一个孩子需要能够理解单词、手势和情景。

理解能力在孩子一出生，并明白他所看到和听到的事物时就开始发展了。它能发展成理解成人语言和复杂情景的能力。

"理解能力"的头三个阶段集中精力于促进孩子对日常生活情景有简单的理解。第四和第五阶段则注重对单词和简单句子的理解。

1. 第一阶段　0～6个月儿童理解能力培养活动方法

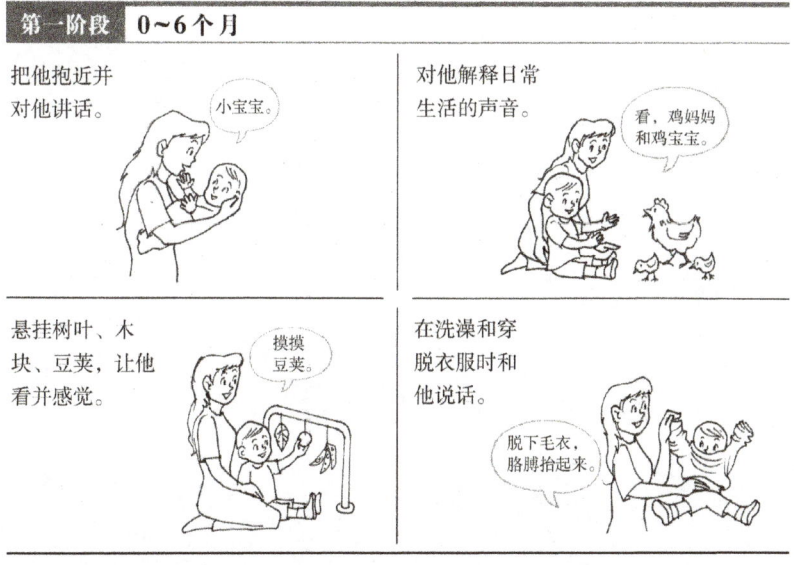

图 5-22　0～6个月儿童理解能力培养活动方法

2. 第二阶段 6～12个月儿童理解能力培养活动方法

图5-23 6～12个月儿童理解能力培养活动方法

3. 第三阶段 12～18个月儿童理解能力培养活动方法

图5-24 12～18个月儿童理解能力培养活动方法

第5章 改善沟通能力的活动方法

4. 第四阶段和第五阶段 18个月～5岁儿童理解能力培养活动方法

一个孩子需要理解许多不同类型的单词。这里有一些例子。

在每一栏里选择一些单词并帮助孩子理解它们。经常在游戏及日常生活情景中使用它们。首先选择那些能表达孩子需要和兴趣的词汇。然后再慢慢地增加。不要催促孩子,也不要强迫他说。

人物	东西	社交	动作	形容词
妈妈	牛奶	再见	吃	大
爸爸	水	你好	洗	小
孩子的名字	杯子	谢谢	睡觉	好
奶奶	盘子	不	坐	坏
爷爷	球	是	喝	硬
阿姨	头	我要	去	软
我	手	哪里	来	漂亮
你	腿	这里	拿	甜
我的	汽车	那里	摸	粗
你的	桌子	什么	走	滑

图5-25 18个月～5岁儿童理解能力培养方法

第7节 针对手势的活动方法

一、什么是手势

在交流中我们都会运用到手势。手势是双手、身体和脸部有意义的动作，是孩子使用身体动作、姿势和面部表情去沟通信息的能力（注意，这里的"手势"不仅仅是"手"的动作，也包括各种身势语）。

- 手势可以用于传达信息——例如，拍手说"谢谢"，挥手说"再见"；
- 只要其他人理解它的意思，任何身体动作都可以称为手势。

二、手势与手语的不同

听力损伤的孩子使用的手语，和这里说的手势有什么区别？

这是一个非常好的问题！记住，手语本身是一种复杂的语言。就像口头语言一样有自己的规则。手语是听力损伤人士的母语。而手势不是一个正式的语言系统。它是我们所有人都使用的，在某种程度上能使我们的口语信息表达得更清楚的符号。手势是不遵循任何特定规则的。

哦！我现在知道什么是"手势"了。我也了解了同时使用口语和手势可以帮助智力障碍孩子更容易地理解，并更有效地表达自己。但是我在想……一个孩子应该如何学习使用手势呢？

事实上，孩子学习使用手势的方法与学习使用单词的方法是相似的。现在，让我们先考虑孩子如何学习理解和使用手势。

三、不同年龄段儿童手势能力的培养

头三个阶段（0～18个月）集中精力于鼓励孩子在日常情景中使用简单的手势。第四和第五阶段（18个月到5岁）着眼于更多便于沟通的特定手势的使用。

1. 第一阶段 0～6个月儿童手势培养方法

| 第一阶段 | 0～6个月 |

做有趣的表情来让他看。

互相微笑。

视线接触。

指出有趣的事物。

图 5-26 0～6个月儿童手势培养方法

2. 第二阶段 6～12个月儿童手势培养方法

| 第二阶段 | 6～12个月 |

帮助他向东西伸出手。

给他东西让他伸手拿。

谈论你们看到的东西，并用手指向它们。

做手指游戏。

图 5-27 6～12个月儿童手势培养方法

3. 第三阶段　12～18个月儿童手势培养方法

图 5-28　12～18个月儿童手势培养方法

4. 第四阶段和第五阶段　18个月～5岁儿童手势的培养方法

在自然的日常生活情景中，说话的同时使用手势。在孩子尝试使用手势时，你要立即做出回应，并表扬他。和孩子接触的每个人都应该知道那些他所使用的手势，并且也努力地使用它们。

这里有一些你可以使用的手势的例子：

是　　不　　谢谢　　再见　　喝　

来　　哪里　　我　　你　　食物

图 5-29　18 个月～5 岁儿童手势培养方法

第 8 节　针对言语能力的活动方法

言语是孩子发出声音并把它们放在一起形成单词，然后再组成句子的能力。
孩子需要能够使用声音或言语作为表达自己的方法。

言语在孩子一出生发出咕咕声和咿呀声时就开始发展了。

它能发展成所有发出的言语声音，并把它们放到一起形成可以理解的单词和句子的能力。

头三个阶段集中精力于鼓励孩子在有趣的情景中使用声音和单词。以后的阶段需要孩子自己说出单词和句子，并使用它们来进行沟通。

1. 第一阶段　0～6 个月儿童言语能力培养方法

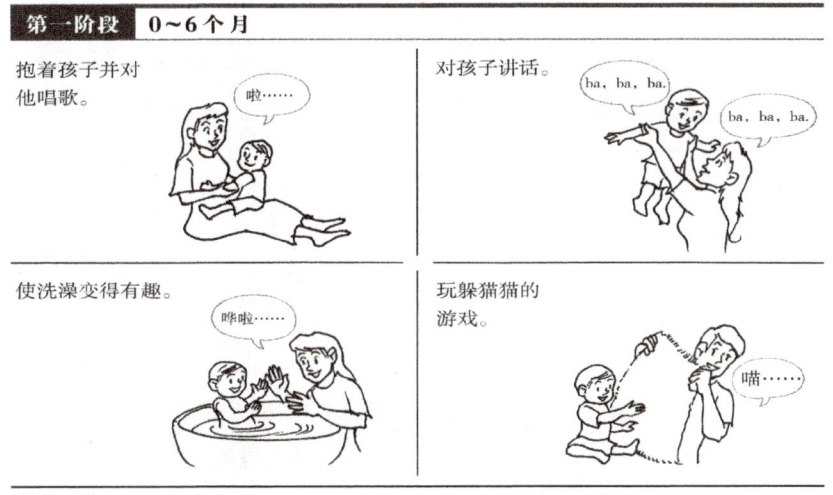

图 5-30　0～6 个月儿童言语能力培养方法

2. 第二阶段　6~12个月儿童言语能力培养方法

图 5-31　6~12 个月儿童言语能力培养方法

3. 第三阶段　12~18 个月儿童言语能力培养方法

图 5-32　12~18 个月儿童言语能力培养方法

4. 第四阶段　18个月～3岁儿童言语能力培养方法

图5-33　18个月～3岁儿童言语能力培养方法

5. 第五阶段　3～5岁儿童言语能力培养方法

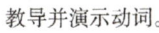

图5-34　3～5岁儿童言语能力培养方法

第9节 活动方法使用指南

在介绍了许多活动方法之后,现在我们要看如何在目标计划中具体地使用它们。

活动方法使用指南:

(1) 评估完成后,我们要决定孩子需要被帮助的沟通技能(记住,你的长期目标是发展这些能力)。

(2) 制定3个或4个能帮助到那些沟通能力方面的目标——短期目标。

(3) 查看相关"活动页",从中选择一个活动方法以达到每个短期目标。

(4) 选择的活动要适合孩子的能力水平(查阅评估表,看孩子在每方面的能力属于哪个阶段)。

(5) 现在,和孩子试试这些活动,以确保它们是合适的(活动应该既不太难也不太容易)。

(6) 如果你对所选择的活动比较满意,就把它们写在目标计划上,并把这些活动教给孩子的父母。

(7) 另外,随着孩子的进步,你需要增加或改变活动。

第6章 脑瘫儿童沟通能力康复训练

前面几章分别评估了脑瘫儿童的沟通困难、制定了沟通目标并介绍了常用的改善沟通能力的活动方法。本章着重讨论脑瘫儿童沟通能力康复训练问题。

第1节 与脑瘫儿童沟通需要注意的要点

与脑瘫儿童沟通，要注意以下问题：

表6-1 与脑瘫儿童沟通的注意要点

续上表

在你和孩子说话之前，通过轻拍她和叫她的名字来引起她的注意。当你说话时，确定她在看着你。	
让她看你正在谈论的东西，如果可能，把东西拿给她让她去感觉或看。	
不要强迫孩子说话。	
随时注意孩子为沟通所做出的任何努力，经常对他做出反应。	
鼓励任何形式的沟通。	

续上表

第 2 节 与脑瘫儿童沟通需要尽量使用各种交际手段

一、让脑瘫儿童联合使用各种方法进行沟通

为了更好地交际，为了使别人明白我们的信息，我们可以联合使用语言、手势或姿势、图片和书写的沟通方法。

大多数人使用语言作为他们主要的沟通方法，其他方法作为辅助。但是，我们应该鼓励那些说话不清楚的人使用其他沟通方法来使别人了解他们的信息。记住，不管我们使用什么方法，让别人明白我们的信息才是最重要的。

那么，什么时候使用语言以外的其他沟通方法呢？只要一个人在使用语言来进行自我表达的过程中存在困难，我们就应该鼓励他采用其他的沟通方式来使他人理解他的信息。我们应该接受他使用的那种特定沟通方式，这些特定方式可使用于任何场合中，正如你也可以随时随地地使用语言与他人进行沟通一样。

对于有语言沟通障碍的儿童，我们鼓励他们使用其他沟通方法。我们要重视其他的沟通方法，与他一同使用那些方法，当他使用时要对他有所反应并表扬他。这与鼓励孩子学习说话是差不多的。

脑瘫儿童经常需要使用其他的沟通方法来支援或替代他的言语，这是很重要的。

我听别人说，如果我们鼓励孩子使用其他的方法沟通，他会变得懒惰，甚至会放弃尝试说话，这是真的吗？

不是的！实际上你可能会惊奇地发现，与你说的恰恰相反，给孩子一个可替代的沟通方法能帮助他说话。

给脑瘫儿童一个可供替代的沟通方法，能：
- 有助于防止沟通循环的打断；
- 使孩子成功地表达他的信息，因此提高他沟通的积极性；
- 给孩子一个表达需要的方法，对他的环境有一些控制作用，因而可以减少可能的挫败感；
- 使他可以发展良好的沟通能力；
- 减少他说话的压力（放松通常能带来口头语言自发改善的结果）；
- 减少对孩子身体上的要求，因为无论是做手势，还是指图片所需要的运动控制都要少于说话所需要的。

二、不同沟通/交际工具的优缺点

一般说来，手势和图片比语言更容易理解和使用。下表列出了口头语言、手语和图片语言所需要的不同能力。在我们决定集中帮助孩子使用哪种沟通方法之前，我们必须考虑孩子是否有所需要的能力。例如，孩子可能没有口头语言所需要的能力，但他却有很好的手语、手势或图片语言所需要的能力。

表6-2 不同沟通工具的优缺点

	说明	需要使用什么能力	优点是什么	弱点是什么
口头语言	一个把声音放到一起形成有意思的词语，把词语放到一起形成有意思的句子的系统。	● 听力听觉记忆、口头语言的理解、声音的清晰度和产生。	● 最普遍被使用和理解的沟通方法； ● 效率高； ● 有效； ● 快。	● 复杂； ● 需要良好的听力； ● 需要良好的听觉记忆； ● 需要理解口头语言； ● 需要语言器官的正确运动。
手语	一个通过使用身体部位，特别是手、手臂和脸做出有意义的手势和姿势来传递信息的系统。	● 视力和注意力； ● 视觉记忆； ● 手语/手势的理解； ● 使用手、手臂和脸等形成一个手语/手势的能力。	● 自然沟通方法的延伸； ● 更容易记住和学习； ● 容易理解； ● 较容易做到。	● 使用或理解不那么普遍； ● 效率没那么高，或没那么有效； ● 需要一些身体能力。
图片语言	一个为了发送有意义的信息，指出陈列在表上的图片的系统。	● 视力和注意力； ● 视觉记忆； ● 图片的理解； ● 用一些方法，指出或指认图片的能力。	● 较少的身体需要； ● 更容易记住和学习； ● 容易理解。	● 使用或理解不那么普遍； ● 效率没那么高，或没那么有效； ● 需要一个木版或表来陈列； ● 影响沟通的自然传递。

除上述的三种方式外，常用的交际工具还有书写语言，即文字。

对一些脑瘫儿童来说，使用口头语言和手语需要太多的身体控制，而对于他们的智力来说图片语言又过于简单了。那么，这些孩子可以学习认字，并使用由书写词语和句子所组成的交际卡片。

图6-1 用文字沟通

请注意：
- 每个脑瘫孩子都是不同的，在我们决定着重帮助孩子发展哪种沟通方法之前，我们必须分别观察和了解每个孩子的能力；
- 虽然孩子可能主要依靠一种特别的沟通方法，但是为了尽可能有效地传达信息，我们应该鼓励他联合使用多种方法；
- 如果口头语言对于脑瘫孩子来说是一个实际的目标，那就应该鼓励他学习，因为口头语言是最有效的沟通方法；
- 然而，对于一些孩子来说，口头语言不会成为一个实际的目标，那么我们必须帮助他们发展手语、图片语言或书写语言中的任何一种作为他们的主要沟通方法。

图6-2 用实物沟通

三、选择一种沟通/交际工具

好，我现在明白了不同的沟通方法需要不同的能力，根据孩子的能力，学习一种方法可能比学习另外一种要容易。关于如何决定在什么时候集中发

展一个孩子的口语、什么时候发展手语以及什么时候发展图片语言的问题，你能给我更多的建议吗？

可以，我们稍后就看那些建议。但是首先我要提醒你，在你做出任何决定之前，得到家人的支持和参与是非常重要和必不可少的。

选择一种沟通方法：
- 我们不能简单地通过某一种规则来决定让孩子使用这一种而不是那一种沟通方式，因为每个孩子都是不同的，他们有着不同的能力也有着不同的缺陷；
- 选择一种沟通方法来集中帮助孩子学习，这不是一个容易的决定——我们必须把我们对孩子的认识和我们对不同沟通方法的知识结合起来，然后为每个孩子做出最好的决定。

一些我们需要考虑的情况：
- 孩子的年龄；
- 他的沟通动机；
- 目前沟通方法的有效程度；
- 他理解能力的水平；
- 家庭的支援；
- 视觉能力；
- 身体能力。

如果过一段时间，事实证明我们做了错误的选择，或孩子的需要改变了，这时，我们就需要改变我们方法。

现在，让我们依次来看：
- 口头语言和书面语言；
- 手语/手势语言；
- 图片语言。

第3节 口头语言和书面语言

一、学习口头语言的注意事项

- 不是所有脑瘫孩子都可以学习使用口头语言来作为他们的主要沟通方法

的；
- 由于口头语言是最有效的沟通方法，所以，如果孩子可以学习，我们就必须帮助他发展这方面的能力；
- 一些孩子的口头语言可以发展到能够把词语放在一起形成句子的水平，而另外一些孩子在超出使用有意义的声音的阶段后，就不会再有进展了；
- 影响孩子发展口头语言能力的主要因素是他的智障程度、他的身体残疾程度、他所受到刺激的多少；
- 我们必须经常记住，一些脑瘫孩子可能可以很好地理解口头语言，但他们却说不出话；
- 永远不要强迫孩子说话，任何发展口头语言的活动都应该是充满乐趣和轻松的；
- 为了让孩子说话而给他太多压力，实际上只会延缓他口头语言的发展；
- 有意思的是，日常生活情景往往是鼓励理解和使用口头语言的最佳时机。

记住，重复没有意义的词语不会帮助口头语言的发展。

二、哪些儿童不适合培养口头语言

在培养孩子口头语言的时候，需要遵循如下原则：首先，应该帮助所有年幼的脑瘫儿童发展所有的沟通方法。其次，如果一个孩子在逐渐长大后表现出口头语言将来能够成为他的主要沟通方法的状况，那么我们就应该集中精力去帮助他发展这方面的能力。反之，对于很多脑瘫儿童，我们会发现口头语言不能够成为他们的主要沟通方法。对于这些孩子，我们必须集中精力帮助他们发展使用手语或手势语言、图片语言或书写语言所需要的能力。

如果一个孩子：

（1）年龄超过6岁还是没有口头语言；

（2）已经能很好地使用手势或图片进行沟通；

（3）对口头语言有一点或根本没有理解能力；

（4）由于无法使用口头语言表达他的信息而感到受挫。

那么，在你集中精力帮助他学习口头语言之前，就应该再三考虑了。

三、帮助发展口头语言的活动

注意，在我们和孩子开始学习口头语言之前，我们必须保证他坐在一把椅子上，或在照顾者的双腿上，或无论在哪儿，都要有一个稳定、安全和舒适的姿势。

图 6-3　保持舒适的坐姿

下面的活动，有助于培养孩子的口语。

做"声音游戏"，当孩子发出声音时，模仿他做一次，并鼓励他发出更多声音。

彼此做各种好玩的鬼脸。如果你有一面镜子，可以观察你所做的鬼脸，模仿彼此的表情。

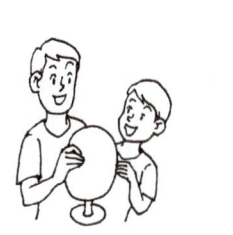

做"嘴唇游戏"，例如，在孩子的手上或肚子上做"Brrr"的游戏。鼓励他在你的手上做"Brrr"。用你的手上下来回轻拍孩子的嘴唇，帮助他发出有意思的声音。

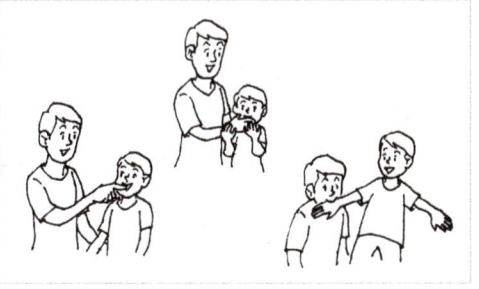

图 6-4　训练口语的活动

记住：
- 对于孩子为了发出声音或词语所做出的任何努力都应给予表扬和鼓励；
- 鼓励整个家庭积极参与这些活动；
- 鼓励孩子在日常生活情景中用声音交流他的需要。

鼓励孩子吃各种质地的食物。要让他学习咀嚼，应该给他吃一些比较坚硬的食物，像面包皮或肉块。	
孩子仰卧时，轻轻地推摇他的胸部。如果他发出一个声音，就对他作出反应。	
给孩子尝试和说话的机会，例如，询问他想要什么而不是只给他玩具或食物。花时间和他说话并倾听他，给他时间去反应。	

图6-5 训练口语的方法

注意，这些活动的目的不仅仅是让孩子重复词语，而是要帮助他们使用声音和词语进行有意义的沟通。

图6-6 进行有意义的沟通

第4节 手势语言

一、手语/手势语言学习注意事项

- 在使用口头语言的同时使用手势能帮助孩子理解——在最初的几年里，对于所有脑瘫儿童这都是重要的，在后来几年，对口头语言有良好理解能力的孩子，就不再需要使用手势了——对口头语言理解有困难的孩子，在使用口头语言的同时需要再继续使用手势来帮助他们理解；
- 手语给孩子提供了一个为传达信息而可以模仿和使用的另一种比较容易的沟通方法；
- 手势可以成为孩子的主要沟通媒介，也可以用来支援另一种沟通工具，例如一个孩子可能主要使用口头语言，但也可以使用一些手势来帮助自己传达信息；
- 一些孩子使用手势可以发展到用他们的双手和面部做出清楚、准确地运用手势，另一些孩子在达到用手臂、面部或整个身体做出粗大运动去传递一个最基本信息的阶段后就不能再有进展了；
- 影响孩子使用手势或姿势的能力作为沟通媒介的主要因素有身体残疾的程度、智障的程度、他受到刺激的多少；
- 不要强迫孩子使用手势——许多孩子可以自然地发展自己的手势，并且是他们的家人可以理解的——我们应该鼓励他们（下一页有更多可以帮助孩子发展手势的方法）；
- 帮助孩子的每一个人都理解并使用与孩子相同的手势，这是非常重要的——重复和坚持能帮助他学习；
- 有意思的是，日常生活情景往往是鼓励理解和使用口头语言的最佳时机。

记住——我们应该经常和口头语言一起使用手势。当你对孩子说话时，决不要单独使用手势。

这是普遍的原则——在你对脑瘫儿童说话时经常使用手势，这决不会有什么坏处，事实上还可能帮助到孩子。

二、帮助使用手势的活动

注意，在我们开始做帮助孩子使用手势的活动之前，我们必须保证他有一个稳固、安全和舒适的姿势。

图6-7 保持舒适的姿势

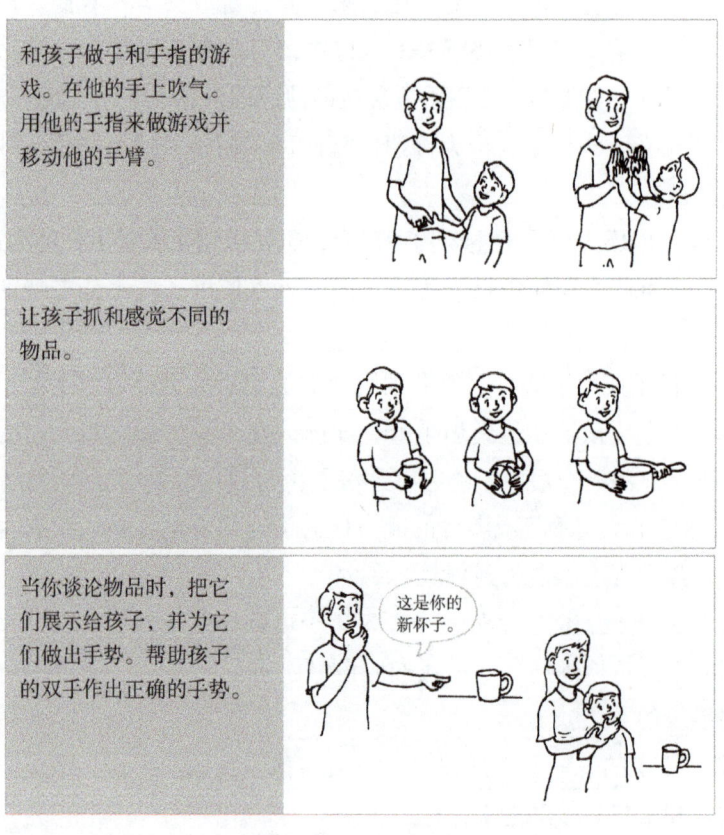

图6-8 用手势沟通

注意：
- 孩子每次尝试和使用手势时，都要给予表扬和鼓励；
- 鼓励孩子在日常生活情景中用手势交流他的需要；
- 确保每个和孩子接触的人都和他使用手势。

三、帮助使用手势的更多活动

做手势和东西配对的游戏。在孩子熟悉之后，尝试用手势和图片配对。

做记忆力游戏。在孩子面前放一排东西，叫出它们的名字并帮助孩子为每个东西做出手势。告诉他仔细看并记住它们。然后他需要闭上眼睛，你拿走一个东西。他张开眼睛后必须用手势告诉你哪个东西不见了。

和对口头语言理解较好的孩子做猜谜游戏。向孩子描述一样东西，但是不说出名字。孩子必须想并作出那个东西的手势。然后交换，让孩子想一样东西，用手演示你那个东西来做什么，并做出它的手势，然后你猜那是什么东西，并说出它的名字。

图6-9 使用手势的活动

注意，这些活动的目的不是仅仅让孩子能够模仿手势，而是要帮助孩子使用手势与他人沟通信息。

第 5 节　图片符号

一、使用图片符号要注意的事项

● 在一些脑瘫孩子的身上发现，仅仅使用语言和手势来表达自己是不容易的，因为别人不能理解他们的声音和动作，对于这些孩子，图片语言可以成为有用的沟通工具；

● 孩子使用图片语言作为唯一的沟通方法是很罕见的——只要孩子可以使用声音和手势传达他的信息，通常他就会使用这样的方法——但是当别人还是不能理解他时，他可以使用图片，所以图片经常与口头语言和手语一起使用；

● 一些孩子可能只有几张偶尔用来表达一个需要的简单图片，另外一些则可能用一整套收集起来的图片来进行较为复杂的沟通；

● 影响孩子使用图片作为沟通工具的主要因素包括：孩子智障的程度、孩子视觉受损的程度、缺乏刺激，例如孩子可能从来都没有接触过图片；

● 给孩子用于沟通的图片应该适合他的年龄、需要和背景——考虑到他的身体残疾，陈列图片的原则应该是保证孩子可以指出和使用这些图片；

● 理解图片对于每一个与孩子接触的人都是很重要的，这样他们就可以与孩子交谈，孩子也可以从沟通卡片上指出相应的图片来作出反应；

● 很有意思的是，日常生活情景往往是鼓励理解和使用口头语言的最佳情景。

二、哪些儿童不宜使用图片

是不是我们必须使用画片来和孩子说话呢？

不是。我们和孩子交谈就像和任何其他人交谈一样，只是记住在必要的时候使用手势。孩子会先听和看，明白之后会通过指出图片来回应我们。他使用图片向我们表达信息，我们使用图片去了解他的信息。

如果一个孩子：

(1) 使用口头语言和手势沟通得非常好；

(2) 认识和理解图片有很大困难。

那么，在集中精力帮助他学习图片语言之前便要再三考虑。

三、帮助使用图片语言的活动

注意：

在我们和孩子开始学习图片语言之前，我们必须保证无论孩子坐在哪儿，他都有一个稳定、安全和舒适的姿势，他可以清楚地看到所有图片，并且能够容易地指出它们。

要做这些活动，你需要一套熟悉的日常生活用品的图片。

图6-10　保持舒适的姿势

让孩子做把图片和他所知道的东西配对的游戏。通过要求他指出或看你叫出名字的东西，来检查孩子是否知道这些东西。然后在他的面前放两个东西，给他看其中一个东西的图片，让他指出图片所代表的东西。在他熟悉了这个活动之后，就增加图片和东西的数量。

把一套成对的图片面朝下放在桌子上。两个人轮流每次拿两张卡片。如果一个人拿到一对，就可以留着。如果拿到两张不同的卡片，就必须把图片面朝下放回到桌子上，并换另外一个人拿。目的是记住成对的卡片在哪儿，并收集尽量多的图片。

脑瘫儿童沟通能力康复训练手册

续上图

准备4样熟悉的东西和相应的图片，把图片排列在孩子面前。说出所有东西的名字，并让孩子记住它们。然后他闭上眼睛，你拿走一张图片。他需要设法记得是哪一张不见了，然后，使用手势或通过指出不见了图片的实物来告诉你。

把3张图片放成一排。让孩子仔细看并记住它们的次序。接着把图片混在一起，请孩子再按次序排列。以后可逐渐加多几张图片来增加难度。

把一套图片放在孩子前面。要求他"给我看所有穿的东西"、"给我看所有吃的东西"、"给我看所有带轮子的东西"，做给图片分类的游戏。

续上图

利用图片跟孩子交谈,问他问题,请他用图片作答。如"你早餐吃了什么"、"你今天乘什么车来的"、"你最喜欢喝什么"。

图 6-11 使用图片语言的活动

这是沟通吗?——不是!

这是沟通吗?——是!

图 6-12 用图片语言沟通

注意,这些活动的目的不是仅仅让孩子认识图片,而是要实际使用图片与他人沟通信息。

第6节 沟通卡片

在与脑瘫儿童沟通时,可以使用沟通卡片。

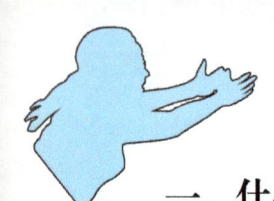

一、什么是沟通卡片

沟通卡片是由卡片或木板做成的一个简单的表,上面陈列了一个人日常生活需要的图片或词语。

1. 谁使用它

任何不能完全用口头语言或手势语言沟通的人都可以使用沟通卡片。在一个人可以表达一些事情,但不能表达所有的需要时,沟通卡片也可以用来与口头语言和手语联合使用。

2. 什么时候使用它

任何时候。应该随时放在孩子附近,这样孩子可以用它来与周围的人沟通。

3. 如何使用它

首先,孩子需要得到他想要与之沟通的人的注意,然后用一些方法指出能表达他需要的图片或词语。对方应该立即做出回应,并可以通过向孩子说话和问他用沟通卡片可以回答的问题来继续对话。这样,一张简单的表就可以成为一个沟通工具了。

记住,在决定给一个特殊的孩子使用沟通卡片作为首选方法之前,需要先与孩子的家庭和老师商量。因为只有得到每个人的支持后,他们才可以充分地参与制作和使用沟通卡片。

二、沟通卡片的制作

好吧——现在就让我们来做一张沟通卡片吧!

1. 制作沟通卡片之前需要考虑的因素

- 对孩子的家长解释你正在做什么和你为什么制作沟通卡片,并让他们充分参与制作沟通卡片;
- 通过和孩子做第 4 节提到的活动,使孩子熟悉图片;
- 和家长讨论孩子可能想沟通的需要、想法和希望,并选择最适合的图片放在沟通卡片上——沟通卡片应该包括社交表达、人物、事情、动作、名称和感觉的图片——图片应该适合孩子的背景，且是他熟悉的事物；

- 要决定如何陈列图片，你需要评估孩子的运动能力——根据他的身体能力来决定哪种方式最方便他使用——一些孩子可能需要把图片陈列在托盘上，与轮椅形成特殊的角度，另外一些则可能需要把图片放在包里，挎在肩上或绕在脖子上携带——考虑哪种方式最适合孩子，并在家长的帮助下为他做准备；
- 找出一种孩子能最容易和最准确地指出图片的方法——一些孩子可能可以用手指出，但是另外一些身体残疾的孩子用手来指出可能比较困难，这些孩子可能需要用他的下巴，或用固定在前额的指物棒，或者甚至只用他的眼睛来指；
- 那些简单和清楚的，用黑白线画出的，孩子很容易认识的图片是最好的；
- 根据孩子指出时他的手能伸多远及指出的准确程度来计划如何安排图片——不要把图片放在离孩子太远的地方，也不要把图片放在离孩子太近的地方，以至于孩子不能准确地指出它们；
- 为图片选择适合的尺寸，这需要考虑孩子的视力和他能否容易地认出图片——开始时可以先给孩子一张图形大的沟通卡片，在他熟悉图片之后，再换成图形小一点的沟通卡片；
- 考虑最适合孩子的图片数量——如果一开始就有太多图片可能会使孩子混淆，所以先从几张图片开始，在孩子熟悉它们并且开始越来越多地使用沟通卡片沟通之后，就可以慢慢地增加图片了。

2. 制作沟通卡片

如果你确定你已经考虑过以上几点，就可以开始按下述步骤制作沟通卡片了。

- 按照孩子需要的陈列方法来准备沟通卡片——可以把图片制作成一个夹子，把它放在一张硬纸板或一个木制托盘上；
- 根据最适合孩子的间隔和摆设，把选好的图片粘在沟通卡片上；
- 如果可以，用结实的塑胶包着沟通卡片以便保护；
- 在设计沟通卡片时应考虑到，根据孩子的需要而改变，要随时能对沟通卡片上的图片进行修改或增减；

- 向孩子介绍沟通卡片,并确保孩子真的用它来进行沟通。

请记住:

- 享受沟通;
- 在决定使用沟通卡片并向孩子作介绍时,要让整个家庭都参与;
- 沟通卡片上的图片必须适合孩子的需要、他的家庭背景和他的经验;
- 随时准备在孩子的需要改变时对图片进行修改;
- 在孩子可以使用沟通卡片的情况下,鼓励家人和朋友也加入到对话当中;
- 孩子应该能比较容易拿到和携带沟通卡片;
- 沟通卡片应该有趣又耐用。

注意:

对于能认字的孩子,你可以用文字而不是图片来制作沟通卡片。制作步骤与制作图片沟通卡片是一样的,只是用文字而不是用图片而已。

三、一些现成的卡片

这里有一套简单的图片可以帮助你使用图片语言,可以根据需要来描绘或复印。你可以用它们制作一套有塑胶封面的卡片给孩子使用,或用它们作为沟通卡片的一部分。然后,你也可以按照孩子的需要,制作更多图片。

不要担心自己画得不好。

只要简单就行。

请相信,我们每个人都有艺术天赋!

利用图片跟孩子交谈,问他问题,请他用图片作答。如"你早餐吃了什么"、"你今天乘什么车来的"、"你最喜欢喝什么"。

图6-13　利用一些现成的图片

四、使用书面语言沟通

正如我们在本部分说过的,一些脑瘫儿童能够学习用书写语言沟通。这些孩子可以从用带文字的图片制作成的沟通卡片开始,之后进展到使用只用文字制作而成的沟通卡片。

制作文字沟通卡片与制作图片沟通卡片的步骤一样,只是我们用文字而不是图片。为了能够使用书写语言沟通,孩子需要学习认字包括。能帮助正在初学认字的孩子的活动包括:

- 词语和图片配对——拿两张常见物品的图片,写出相应的词语。把每个词放在正确的图片下面。让孩子看它们,然后谈论它们。现在,打乱词语。孩子必须设法记住与每张图片对应的词语,然后重新正确地把词语放好。在孩子可以认识那些词语之后,就使用新的图片和词语。通过使用更多的图片和词语来渐渐增加游戏难度;
- 偏旁部首和偏旁部首配对——在卡片上写不同的偏旁部首。每张纸上写一个偏旁部首,让孩子把正确的卡片与那个偏旁部首配对;
- 写下一个词语,给孩子一张偏旁部首卡。他必须从这个词语里设法找到那个偏旁部首;
- 在家具上贴标签——为孩子房间里的所有主要家具写出一个清楚的标签。把标签贴在家具上,和孩子谈论它们,然后做游戏;
- 给孩子一个书写的词语,他需要到处去找到与词语匹配的标签;
- 词语和词语配对——制作两套词语卡片,这样每个词语就有两张卡片——摆出一套卡片来,然后从另一套中拿一张卡片,让孩子把它与那张看上去相似的卡片配对;
- 玩"配对"游戏——把两套图片都面朝下放着,轮流一次拿起两张卡片,如果卡片成对,就保留。如果不成对,就把它们放回原处,换另外一个人去拿;
- 词语与图片匹配的配对游戏——拿一套图片和与它们匹配的成套标签,和孩子复习它们,提醒他哪张图片与哪个词语匹配——现在把所有卡片都面朝下放着,轮流拿起一张图片卡片和一张词语卡片——如果卡片成对,就保留;如果不成对,就把它们面朝下放回原处,换另外一个人去拿;
- 与词语匹配的一袋东西——收集一些熟悉的东西放进一个袋子里,制作一套与东西配套的词语标签,把词语标签摆放出来,让孩子伸手到袋子里去摸并拿出一样东西，然后让他找到与这个东西相匹配的词语标签；

● 连接词语——帮助孩子学习更多词语，并开始把词语连接在一起，逐渐实现从把图片连接成一组到把词语连接成一组的转变。

除了这些活动外，也可使用本章第 5 节上的方法，但是是用书写的词语而不是图片。另外，你也可以向当地幼儿园和小学的老师询问关于教孩子认字的更多方法。

第 7 节 小结

一、选择最适合孩子的沟通方法

考虑以下几点有助你选择最适合孩子的沟通方法：

● 什么可能是这个孩子最有效的沟通方法？它和孩子现在用的方法不同吗？

● 孩子愿意主动沟通吗？他的家庭想要帮助他沟通吗？

● 我自己清楚知道要如何介绍另一种沟通方法吗？我认为自己可以教会孩子的父母吗？

● 我知道在什么时候比较适合集中鼓励学习口头语言吗？我知道这样做的最好方法吗？

● 我能肯定孩子的沟通方法会是实用的，并能真正用于实际生活当中吗？

● 我非常仔细地考虑过哪种沟通方法对于孩子是最好的吗？我可以对我的选择作出解释吗？

● 我是否尽了我之所能让孩子和他的家庭对沟通感兴趣？

请记住：我们有责任帮助每个脑瘫孩子在尽可能早的年龄发展任何沟通方法。我们需要尽量去帮助他们。

二、关于用一切方法来沟通需要记住的重点

● 帮助孩子从尽可能早的年龄发展一些沟通方法是非常重要的；

● 一些脑瘫孩子或许不能发展口头语言，但是他们每个人都能学习用一些方法来进行沟通；

● 不同的沟通方法需要孩子使用不同的能力——我们的责任是观察孩子

有什么能力，然后选择最适合他的一种沟通方法；

- 除了语言和手势之外，图片或书写语言也可以用于有效地沟通；
- 我们应该使用所有的沟通方法来和年龄比较小的脑瘫孩子说话，而且我们应该鼓励他也使用任何可能的方法来沟通；
- 在孩子的沟通有了进步之后，他可能会主要依靠一种特殊的方法，也可能会继续联合使用多种方法来沟通；
- 在孩子的沟通有了进步之后，可能会需要从使用一种沟通方法转变为使用另外一种沟通方法，因此我们必须灵活并准备好随时根据孩子的需要来改变我们方法；
- 无论孩子使用什么沟通方法，它们在实际生活情景中都应该是有用和实用的；
- 使用不同的沟通方法，而不是仅集中于口头语言，实际上还会对孩子口头语言的发展有所帮助；
- 在决定集中帮助孩子学习一种沟通方法之前，我们需要问自己为什么选择这种方法，并且知道如何才能把这种方法教给家长和孩子；
- 孩子的家人需要积极地参与到帮助他们孩子进行沟通的过程中来。

第7章 脑瘫儿童的饮食与营养

第1节 如何给脑瘫孩子喂食

良好的营养对于孩子良好的发育是必不可少的。营养不良可能会造成孩子的身体和智力发育迟缓。因为脑瘫孩子通常有喂食的困难,所以他们会有营养不良的可能。因此,在帮助这些孩子的时候,我们必须考虑喂食和营养,对于改善脑瘫儿童的沟通能力也是一个十分重要的手段和过程。接下来我们将介绍帮助脑瘫儿童喂食并改善营养的一些知识和方法。

一、一个妈妈的故事

田田,11个月大,有脑瘫。田田的妈妈很担心田田的发育,但觉得给田田喂食特别困难,所以她最近带田田到了康复中心。下面是她的故事:

因为我给田田喂食有困难,所以才来到康复中心。我以前知道喂他进食唯一的办法就是让他躺着,然后喂他麦片粥和牛奶。由于他不能咀嚼,所以我不能给他任何更硬的食物。另外,他的舌头总是会把食物从嘴里推出来,这真成了一个问题。

自从来到康复中心以后,我学会了如何更好地喂田田吃饭。他们教我怎么抱他,让他的肩膀和手臂向前,身体有良好的姿势。

为了帮助他学习咀嚼,我把面包片放在他嘴里一侧的上下牙之间。现在,我可以看到他的舌头从一边向另一边活动,并且他可以没有任何问题地吃玉米粥和面包。

为了设法不让他的舌头把食物推出来,在喂他的时候,我用勺子向下压他的舌头。

在来到康复中心之前,我从来没有想过脑瘫儿童吃饭和语言发展两者之间的关系。但是在田田的吃饭改善了以后,我注意到他也能发出更多的声音了。所以,通过帮助他吃饭,我也帮助了他说话。

二、喂食治疗

1. 喂食治疗的目的

● 帮助孩子学习独立地吃饭;
● 使不能独立吃饭的孩子和照顾者双方都对喂食感到比较轻松和有乐趣。

2. 什么时候开始

● 在问题被识别出来以后就要尽早开始。

3. 为什么要开始得那么早

● 为了生存和茁壮成长,孩子需要吃饭;
● 在早期喂食期间,妈妈/孩子可以开始必不可少地互动;
● 如果我们在早期教给孩子吃饭的良好模式,在后来几年里,他就有可能对吃饭和言语有良好控制——记住,改变年龄较大的孩子的习惯是很困难的。

4. 你会怎么做

● 仔细地教妈妈/照顾者自己如何帮助孩子,并向她解释你所给出的每个治疗建议的目的;
● 在每餐之间实践治疗建议,直到妈妈/照顾者和孩子学会新技能,并在不会引起挫败感的情况下进食。

5. 什么时候开始

● 现在。你可以用下文所给的方法和你已经知道的方法去帮助吃饭有困难的孩子。

三、吃饭与语言能力的关系

请等一下,不要太快了!你能再帮助我多了解一些关于吃饭、沟通和言语之间的关系吗?

可以。我试着这样解释,首先,让我们从现象学角度,看吃饭和语言能力之间的关系——用来吃饭和说话的肌肉是相同的,只是在吃饭时,使用的是大肌肉运动,而说话则需要小肌肉的协调。所以,在孩子拥有对言语的良好控制能力之前,他们必须先通过吃饭来做大肌肉运动。其次,吃饭对于互动、交谈和刺激来说是一个理想的沟通时机。请看下表:

表7-1 吃饭与语言能力关系一览表

年龄	吃饭技能	沟通和语言能力
0~6个月	■ 吸吮能力良好。 ■ 舌头前后活动。 ■ 双颊活跃。	■ 哭。 ■ 在对他说话时,变得安静。
3~4个月	■ 开始从勺子中吃食物。 ■ 开始吃麦片粥。 ■ 把手和东西放进口中。 ■ 嘴唇和舌头开始习惯于不同质地的食物。	■ 可以发出韵母(元音)如"a, a, a""e, e, e"。 ■ 在吃饭时看着妈妈。 ■ 在想要更多或已经足够时,对妈妈"有所表示"。
6~7个月	■ 开始咀嚼。 ■ 舌头上下活动。 ■ 可以在勺子上抿。 ■ 开始用杯子喝水。	■ 开始牙牙学语—p, b, m, k, g, d。 ■ 主动配合喂食。 ■ 在喂食期间和妈妈有良好互动。
8~9个月	■ 吃带块的、稠的麦片粥。 ■ 咀嚼时,舌头从一侧向另一侧活动。 ■ 可以把拿在手中的食物喂进口中。 ■ 喝水时把手放在杯子上。	■ 牙牙学语声增加。 ■ 模仿声音。 ■ 积极地参与吃饭。 ■ 清楚地表现出喜欢或不喜欢。
12个月	■ 可以咀嚼块状食物。 ■ 闭合着嘴唇吞咽。 ■ 开始握和使用勺子。 ■ 把食物,而不是东西放进口中。	■ 更精确地模仿声音。 ■ 使用一些别人能明白的声音和单词。
18个月	■ 容易地咀嚼肉。 ■ 嘴唇闭合良好时咀嚼和吞咽。 ■ 自己用勺子吃饭。 ■ 很好地用杯子喝水。	■ 使用更多别人能明白的单词。 ■ 模仿短语。 ■ 喜欢交谈。

续上表

年龄	吃饭技能	沟通和语言能力
2～3岁	■ 嘴唇闭合良好时很好地喝水。 ■ 很好地吃和咀嚼大多数食物。 ■ 独立地吃饭。	■ 使用有意义的单词。 ■ 把单词放在一起形成短句。 ■ 一些发音听起来还不清楚。

现在,让我们看看如何帮助喂食困难的孩子,从上表的描述可以发现,我们在帮助孩子进食时需要注意的第一件事是体位。

四、关于体位的知识

"让髋部控制嘴部!"你可能以前听说过这个说法,也想知道是什么意思。

● 我们不能单独地控制嘴,我们需要看整个身体;

● 通过对身体其他部位建立一个良好的控制,孩子才能更好地控制嘴部;

● 为了对身体有良好的控制,我们需要改善孩子的体位元,这样能帮助孩子获得身体、呼吸、吞咽和嘴部的良好控制;

所以你看,在你着手帮助孩子的其他方面之前,先应注意其体位是如此地重要。但是记住:

● 不要突然改变孩子的体位,要允许他慢慢地调整;

● 只有先等妈妈和孩子对新体位感到满意之后才可以开始介绍其他新的方法。

那么,你对体位到底了解多少呢?这里有个简单的测试。你认为以下哪一种是对喂食最好的体位?可以选择 a 或 b 来回答:

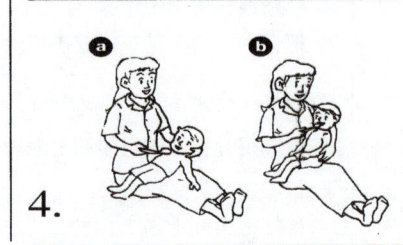

续上图

图 7-1 正确与错误的喂食体位

【答案】

1. b. 让孩子保持直立,使嘴唇闭合,吞咽就更容易。头在后仰时吞咽是非常困难的。

2. a. 不要强迫孩子的头向前。弯曲手臂兜着孩子头的底部,并用相同的手臂使孩子的手臂向前。用你的另一只手稳稳地按压在孩子的胸骨上。

3. a. 弯曲手臂支撑孩子头的底部。稳稳地握着孩子的手臂使之向前。按压胸骨,帮助减少伸肌模式。

4. b. 用你的腿使孩子保持在髋关节和膝关节屈曲坐直的良好体位里。

5. b. 在坐的时候,髋关节和膝关节应该保持90°弯。手臂应该向前,用托盘作为支撑。双脚应该被支撑。

6. a. 从孩子前面稍微向下的位置给予食物,确保孩子的头是对称的,这样能使吃饭和吞咽更容易。

五、喂食困难及解决办法

在观察孩子的体位后,便可以了解喂食会有哪些具体困难了。下面是一些常见困难及帮助办法。

表7-2 脑瘫儿童常见的喂食困难及解决办法

问题	治疗建议
1.吸吮虚弱	根据箭头所示的方向抚摸嘴的周。 对高张力的孩子，动作要缓慢并有力度。 对低张力的孩子，动作要加快并使用较小的力度。
2.吞咽困难	确保孩子的头是直立的，并稍微向前弯曲。 用比较硬的食物慢慢地喂孩子，一次只吃一口。 使用下颌控制。
3.舌头运动	把食物放在嘴里的一侧的上下牙之间。 把果酱放在嘴唇上，鼓励孩子舔下来。

续上表

问题	治疗建议
4.舌推张	保持肩膀向前弯曲的姿势。 用勺子底部慢慢地把舌尖往嘴里压。 把食物放在嘴里的一侧。

问题	治疗建议
5.唇闭合	使用下颌控制的方法（见2）。 做增加嘴唇控制力的游戏。

吹气游戏　　用嘴唇夹住纸或树叶的游戏　　把果酱从嘴唇上舔下来

问题	治疗建议
6.咬住勺子	使用下颌控制（见2）。 不要从嘴里往外拉勺子，而是用勺子轻轻压住舌头，等待咬合动作放松。 快速地喂食。

续上表

问题	治疗建议
7.咀嚼困难	把硬的食物，如面包皮、橘子、饼干放在上下牙之间，使用下颌控制来合上孩子的嘴，然后慢慢地拉食物。用手指尖绕圈的运动按摩颊部的肌肉。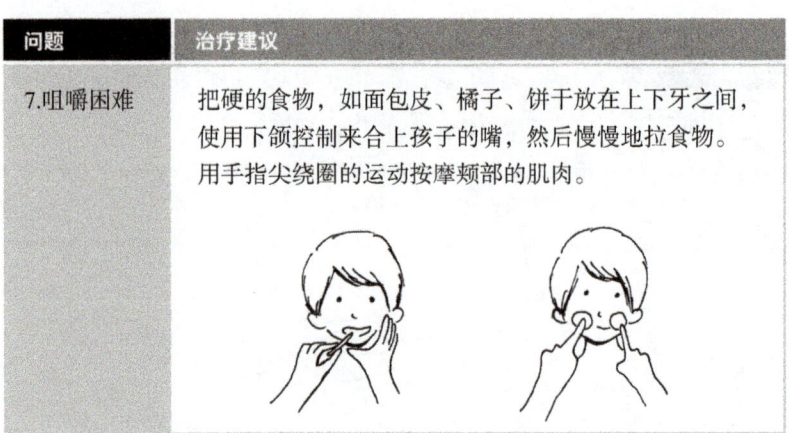

在尝试这些办法前，还是要保证有良好的姿势。可以在两顿饭之间实践这些方法，直到孩子习惯它们。在开始使用的时候这些方法可能不会立刻见效，但是不要轻易放弃，要给孩子和他的照顾者时间调整并学习新技能。

第2节 营 养

一、关于营养的知识

残疾孩子比其他孩子患营养不良症的机会通常更大。这里有一些关于营养的知识：

对于0～6个月的婴儿，母乳是婴儿最好的食物，因为母乳：

- 卫生；
- 营养；
- 保护婴儿，抵抗传染病。

牛奶没有母乳好。记住：母乳是最好的。

如果孩子有吸吮困难，妈妈应该把她的奶挤到杯子里，用杯子和勺子喂孩子。

避免使用奶瓶——它们通常会传播疾病。

对于6个月或以上的婴儿，应该继续母乳喂养，同时开始增加其他食物，比如水果、豆子（煮熟后去皮，捣成糊状）、花生酱、鸡蛋、麦片粥。而且，

小胃口需要经常喂食，1岁以下的孩子，一天至少要喂5次。

如果孩子吃固体食物有困难，不要一直只给他母乳，可以把其他食物捣成糊状做成营养粥给他吃。

1岁大的孩子，即使食物被捣成糊状，也应该与家庭其他成员吃相同的食物。

二、制作营养食物的方法

有喂食困难的孩子会有营养不良的危险。制作以下这些营养食物可能对他有所帮助：

- 在麦片粥中加入人造黄油、食油或花生酱；
- 在牛奶或麦片粥中加入一个鸡蛋；
- 煮熟豆子并捣成糊状；
- 把一个煮熟的鸡蛋捣成糊状，加入人造黄油；
- 把香蕉捣成糊状；
- 在捣成糊状的土豆中加入鸡蛋或人造黄油；
- 在捣成糊状的蔬菜中加入人造黄油或花生酱；
- 把奶粉加入到鲜奶或酸奶中。

残疾孩子得到足够的食物是很重要的，但同样重要的是，不能让他们因吃太多多脂或多糖的食物而变得肥胖。体重过胖会使孩子运动起来更加困难，所以，不要让残疾孩子变胖！

三、更多关于营养的知识

孩子在比较小的时候需要体验各种不同质地的食物，否则他的嘴巴会变得过于敏感，不能接受不同类型的食物。另外，为了学习咀嚼，孩子需要尝试不同质地的食物。每天他都需要以下这些食物中的一部分：

- 水、奶、茶、果汁；
- 麦片粥、煮熟的蔬菜、汤、面包、玉米粥、捣成糊状的香蕉；
- 面包皮、饼干、苹果。

希望这些知识能帮助你改善给孩子喂食的技巧，并帮助你给家长一些为孩子改善营养的建议。

四、小结

关于喂食和营养需要记住的重点:

■ 因为脑瘫孩子吃饭经常有困难,所以他们可能会有营养不良的危险,我们需要建议家长如何给予孩子最好的营养;

■ 给家长吃饭和营养的建议是我们帮助脑瘫孩子改善沟通能力的一个重要部分;

■ 脑瘫孩子吃饭有困难是因为他们的肌肉控制不好;

■ 良好的吃饭模式对于孩子的生存以及将来言语的发展是非常重要的;

■ 用来吃饭与用来说话的肌肉是相同的,所以我们可以通过改善孩子的吃饭模式以帮助他发展语言;

■ 通过给脑瘫孩子摆放正确的体位,我们可以帮助他获得所有身体运动的控制,包括嘴部的运动,从而帮助孩子找到吃饭的正确体位。

第8章 运用游戏培养孩子的沟通能力

【家长感言】

我以前不知道游戏有多重要,孩子可以通过游戏学到那么多。但是现在我看到自从我帮助孩子做更多游戏之后,他学到了很多。他对周围发生的每一件事都更有兴趣,甚至还尝试告诉我发生了什么事!

我从来没有教过我的其他孩子怎么玩——因为他们能轻松自然地学会。但是小青就不同了,我不得不教她如何做游戏。

我永远不会忘记我第一次去康复中心的经历。我希望他们可以治疗我的孩子,但是他们却教我怎么和小平一起玩。后来我想"大老远到康复中心去,就是要学习怎么玩吗?我再也不去那里了!"然而,几个月过去了,小平还是不会说话,我的妻子就劝我再去康复中心。所以我回去了,他们还是给我同样的建议,但是这次我们全家决定要试试他们所建议的方法。从那以后,小平就不断在进步。

我过去以为要和我的孩子一起玩,我需要买昂贵的玩具。但是我错了!我的孩子最喜欢玩的是罐子、壶、勺子、石头和家里的其他一些东西,或是我自己做的玩具。

本章讨论游戏对我们帮助孩子的工作的重要性,以及如何使用游戏去发展孩子的沟通能力。

第1节 游戏及其种类

一、游戏的内涵

1. 什么是游戏

- 游戏是孩子用自己的方法,以自己的速度自由地试验事物的过程;

- 游戏是令人愉快和充满乐趣的活动;
- 游戏是孩子自发的活动——他选择玩什么,如何玩(他可能不会邀请另一个人参加)。

2. 游戏为什么是重要的

在构成"沟通房子"的砖块中,"游戏"是最大的砖块之一。游戏可以发展许多沟通能力。

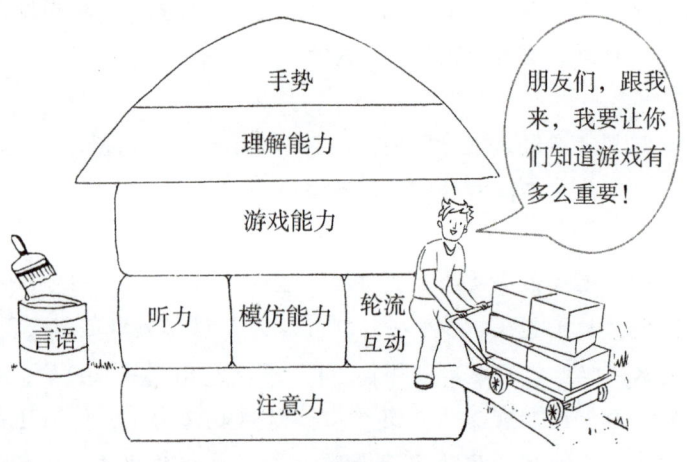

图8-1 "沟通房子"与游戏

- 游戏是重要的,因为它为孩子将来在各方面的学习打下基础——它可以实践已有的技能,并发展新的技能;
- 游戏是重要的,因为它建立孩子对周围人和事的理解能力,这是沟通的基础;
- 孩子可以在游戏中实验和学习,这种实验是没有失败风险的。

3. 游戏如何发展

- 游戏是由妈妈和孩子之间的互动开始的;
- 以后,孩子将和其他人及他周围的事物产生互动;
- 随着孩子的发育,每一种游戏类型自身也会进展到不同的阶段。

4. 需要帮助孩子游戏吗

- 为了学习玩,所有的孩子都需要他们的家长、兄弟姐妹和其他人的激励;

- 有残疾的孩子也需要激励，但可能需要特别的帮助和注意；
- 残疾孩子的家长需要鼓励他们的孩子积极进入游戏情景中，也需要帮助他学习。

二、游戏的类型

游戏包括探索性游戏、社交性游戏、运动性游戏、假想性游戏、操作性游戏和解决问题类游戏等 6 大类别。

这些不同的类别可以看作拼图玩具，他们拼在一起就形成了游戏的全貌。所有拼图彼此交叠，互相依赖。

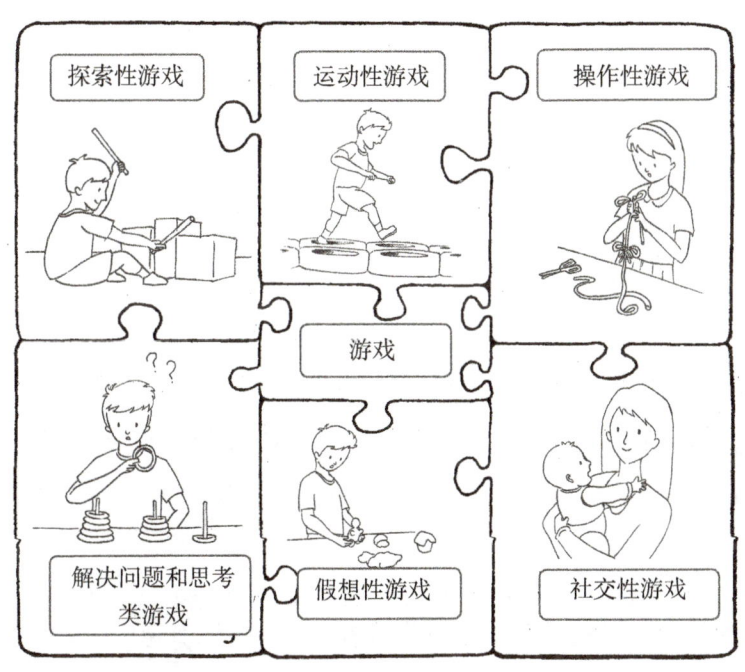

图 8-2　游戏类型

现在我们来仔细看看每种不同类型的游戏，及它们如何被不同的残疾所影响。

三、探索性游戏

探索性游戏是实验和发现新事物。

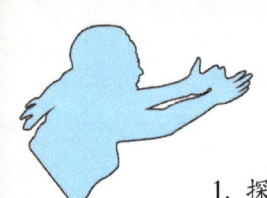

1. 探索性游戏为什么重要

- 探索是孩子发育的基础；
- 它使孩子能够发现新事物，并对他所生活的世界有更多的认识；
- 它激励孩子想要了解更多周围的世界；
- 它帮助孩子发展技能并学习新的技能。

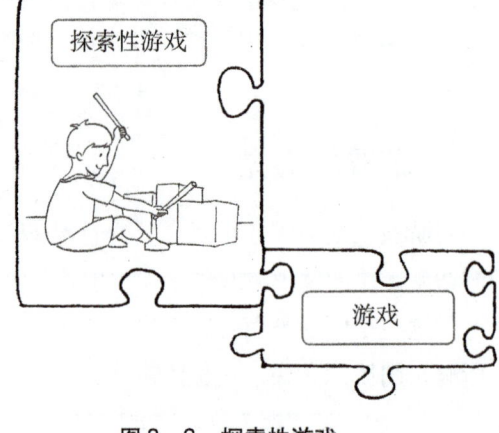

图 8-3 探索性游戏

2. 残疾孩子需要探索吗

当然。残疾孩子就像其他任何孩子一样需要探索，但他可能需要更多的帮助和鼓励。

如果我们给孩子探索的机会，那他就更有可能学习并发展他的技能和能力。

3. 我们可以如何鼓励孩子去探索

- 通过周围充满不同的物品和事情，让孩子对他的世界感兴趣，以此来激励他去探索；
- 随着孩子的兴趣——注意他对什么感兴趣，并表现出你也有同样的兴趣；
- 通过你对事物表现出的兴趣及你的行为，你可以向孩子展示如何探索。

四、运动性游戏

运动性游戏是在有趣的身体运动中使用身体的各个部分。

1. 运动性游戏为什么重要

- 运动是孩子发育的基础；

图 8-4 运动性游戏

- 它使孩子能够在探索他的世界时变得主动；
- 它给孩子提供了解他的身体并获得对它的控制的机会。

2. 残疾孩子需要运动吗

当然。残疾孩子就像其他任何孩子一样需要体验运动，但他可能需要更多的帮助和鼓励。如果我们给孩子体验运动的机会，那他就更有可能发展他对身体的意识以及如何控制它的理解能力。

3. 如何鼓励孩子运动

- 通过设置情景来激励孩子运动（例如，把物品放置在他差一点就可以拿到的地方）；
- 和孩子做消耗体力的身体游戏，这能帮助他觉得运动是有趣的。

如果孩子有身体残疾，如脑瘫，就应该向专家咨询促进运动的建议。

五、操作性游戏

操作性游戏是在被控制和熟练的状态下协调手和眼的一种能力（手/眼协调）。

1. 操作性游戏为什么重要

- 操作性游戏是孩子发育的一项重要技能；
- 它使孩子能够控制玩具和物品，这样他就能离开大人，独自游戏；
- 拥有操作能力意味着孩子在长大以后，能为自己做更多的事（例如，扣钮扣、使用餐具、写字或画画。这对一个人获得自尊和独立是非常重要的）；
- 通过操作，孩子才能了解物品的尺寸、重量、形状等。

图 8-5 操作性游戏

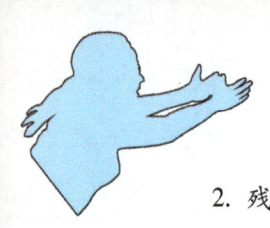

2. 残疾孩子需要操作吗

当然。残疾孩子就像其他任何孩子一样需要学习操作物品，但他可能需要更多的帮助和鼓励。如果我们给孩子学习操作的机会，那他就更有可能发展日后生活所需的精细运动能力，比如做饭、写字、缝纫、木工活、操作机器。

3. 如何鼓励孩子去操作

● 当孩子对一个东西感兴趣时，向他表现出你也有兴趣，并解释如何操作那个东西；

● 通过手把手的方式，你可以从体能上帮助他操作物品；

● 给孩子能激励他伸手拿并操作的玩具或物品。

如果孩子有手/眼协调的特殊困难，就应该寻求专家的建议。

六、社交性游戏

社交是两人或多人之间的互动，它包括给与得，是一个双向的过程。

1. 社交为什么重要

● 社交对于沟通的发展是必不可少的；

● 通过观察和模仿他人的行为鼓励孩子向他们学习；

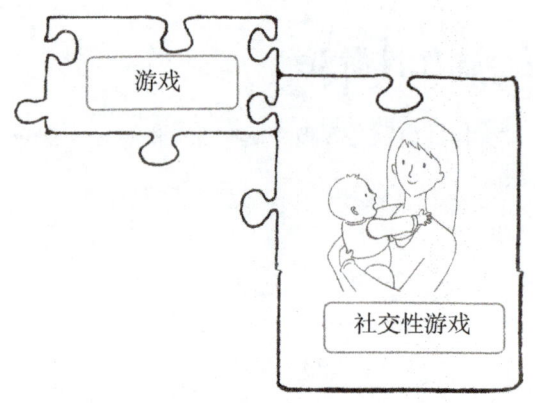

图8-6　社交性游戏

● 它为孩子提供自然的机会去实践和发展沟通能力；

● 和别人轮流互动的体验，对于日后生活中人际关系的发展是必不可少的。

2. 残疾孩子需要社交吗

当然。残疾孩子像其他任何孩子一样需要社交，但他可能需要更多的帮助和鼓励。如果给孩子社交的机会，那他就更有可能学习如何互动与建立人际关系。

3. 如何鼓励孩子进行社交

- 仔细观察孩子为了和你互动可能做出的任何努力，并对它们做出反应；
- 帮助孩子学习和其他孩子一起游戏，并有信心和他们一起玩；
- 给孩子创造与其他人认识和游戏的机会，包括大人和孩子。

七、假想性游戏

- 假想性游戏是孩子通过自己的想象力，用一些物品来代表和象征其他的物品，例如，把纸盒变成摩托车，把罐子和棍子变成锅和勺子；
- 假想性游戏是发展沟通能力最重要的游戏类型之一。

图8-7 假想性游戏

1. 假想性游戏为什么重要

- 假想性游戏对思考和语言的发展是必不可少的，其实语言就是用单词这种符号来代表各种事物的；
- 发展想象力能拓宽孩子的非实践经验，并激发他的创造力；
- 它帮助孩子明白他所看到的周围情景的意思，并为自己日后生活中的情景做准备。

2. 残疾孩子需要假想吗

当然。残疾孩子像其他任何孩子一样需要学习假想，但他可能需要更多的帮助，需要鼓励他去那么做。如果我们给孩子假想和使用想象力的机会，那我们就能帮助他发展语言和思考能力。

3. 如何鼓励孩子假想

- 在做家务活时，鼓励孩子观察，例如，当妈妈在做饭、扫地、洗碗时，对孩子说她正在做什么；
- 和孩子坐在一起，对他解释如何做假想性游戏，这样他才愿意去尝试自己做——告诉他，自己正在做什么；
- 在孩子尝试做假想性游戏时，帮助他并对他解释他可以如何更进一步地发展该游戏。

八、解决问题和思考类的游戏

解决问题的游戏是孩子必须仔细思考并设法想出做某事的方法的游戏。

图 8-8　解决问题和思考类游戏

1. 解决问题和思考类的游戏为什么重要

- 解决问题发展思考能力，可以帮助孩子自己解决问题；
- 必须自己解决某事的挑战能增加孩子的信心和好奇心；
- 当孩子长大成人并且遇到必须要经过认真考虑才能做出决定的情况时，这种解决问题所需要的能力就显得必不可少了。

2. 残疾孩子需要解决问题吗

当然。残疾孩子像其他任何孩子一样需要解决问题，但他可能需要更多的帮助和鼓励。如果我们给孩子机会去发展解决问题的能力，那我们就可以使他主动地去自己解决问题。

3. 如何鼓励孩子去解决问题

- 吸引孩子注意周围的东西和事情，使他变得有好奇心，并想要发现更多；
- 观察孩子对什么感兴趣，并教他如何进一步了解所感兴趣的事物；
- 给孩子做他能够成功的事情，以此来鼓励他不断尝试；
- 给孩子时间独自尝试事物，并解决自己的问题，成人不对其加以干涉。

九、不同类型的游戏对培养孩子沟通能力的作用

不同类型的游戏可以帮助孩子不同沟通能力的发育,如下表所示。

表8-1 不同类型的游戏与沟通能力发展之间的关系

阶段	探索性游戏	运动性游戏	操作性游戏	社交性游戏	假想性游戏	解决问题和思考的游戏
1. 0~6个月	开始时用嘴、拍打和摇晃来探索物品,最后用手来研究。拿开脸上的布。把物品放在一起敲打。	仰卧时用力地踢。洗澡时用胳膊拍水。用双手双膝爬。	握住玩具,伸手拿并拾起小玩具。摸妈妈的脸、拽头发等等。	看和摸脸。喜欢互动和身体接触。躲猫猫。微笑和大笑。	以相同方式对待所有玩具,敲打、放进口中、感觉它们。把杯子放进嘴里。	发出声音来回应别人。用声音和动作吸引大人的注意。明白一个特定的动作会带来一个特定的结果。
2. 6~12个月	放下和扔东西。当他看到玩具被藏起来时就寻找。把东西放进容器。	独立地站和走。伸手拿、抓住和玩东西。	从一只手向另一只手传递玩具。用棍子在另外一个玩具上敲打。用手指捏东西。	被要求时会把玩具给成人。非常愿意回应成人。渴望互动。会前后滚动球。	挥手"再见"。会把勺子和杯子联系在一起。	让成人给他拿东西。借助一个东西去拿另一个东西。寻找被藏起来的玩具。用绳子拉玩具,并看着它移动。
3. 12~18个月	跟着一个滚出视线之外的球。打开容器,查明里边有什么。	用绳子拉着玩具行走。不稳地跑。喜欢打闹。	用积木盖高楼。能用手自己吃饭。	模仿成人的动作和声音。和成人做轮流互动的游戏。开始和其他人增进友谊。	假装自己吃饭。模仿成人的活动,如洗衣服、做饭、扫地等。	把一个东西与一个类似的东西匹配。爬上椅子去拿东西。

续上表

阶段	探索性游戏	运动性游戏	操作性游戏	社交性游戏	假想性游戏	解决问题和思考的游戏
4. 1岁半～3岁	有兴趣探索和查明他周围的每件事。知道自己家周围的路。	踢球和扔球时不会摔倒。跑得稳。开始在东西的上、下、里边爬。	取掉瓶子的螺旋盖。脱掉一些衣服。紧握住笔或棍子。	做游戏时能配合其他孩子。开始分享东西。	喜欢假装做饭。然后，进行一连串的假想性游戏，如做饭、喂娃娃吃、把娃娃放在床上等。	把东西分类。滚动球来击中目标。尝试修理坏的玩具。
5. 3～5岁	小心地拿易碎物品。做捉迷藏的游戏。参加比较大的孩子的活动。	双脚并在一起跳。抓住大球。爬得好。非常活跃。	能把鞋带穿过孔。能画画。可以扣和解衣服上的钮扣。成人握着其手时可以抓住笔。	开始很好地在集体游戏里玩，像捉迷藏和球类运动。开始做有简单规则的游戏，可以轮流等待。	喜欢看和谈论图片、听故事。富于想象力地画画。	把两个相同物品的图片匹配在一起。可以匹配形状和颜色。可以做简单的拼图游戏。

对于残疾儿童，我们同样需要利用各种游戏对他们予以帮助，以培养他们的沟通能力。

第2节 如何利用游戏发展孩子的沟通能力

一、游戏有助于培养孩子的沟通能力

"做游戏"是指进行探索、运动、操作、社交、假想、处理问题和思考的活动。这些活动都有提高孩子沟通能力的作用。

下列各图都是用以发展注意力的活动，请思考：在每个活动里使用了哪些类型的游戏？

第 8 章 运用游戏培养孩子的沟通能力

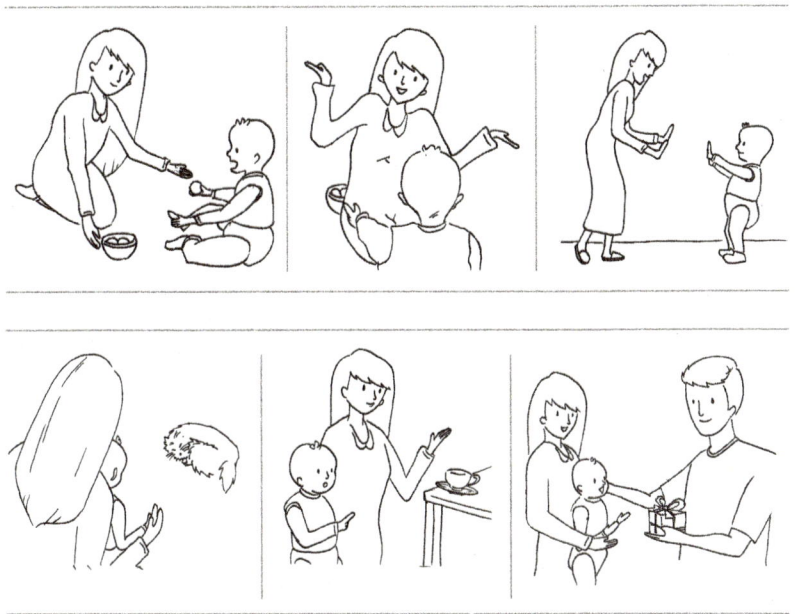

图 8-9 游戏与沟通能力发展

分析上面的活动就可以知道，这些活动实际上包含了各个类型的游戏。

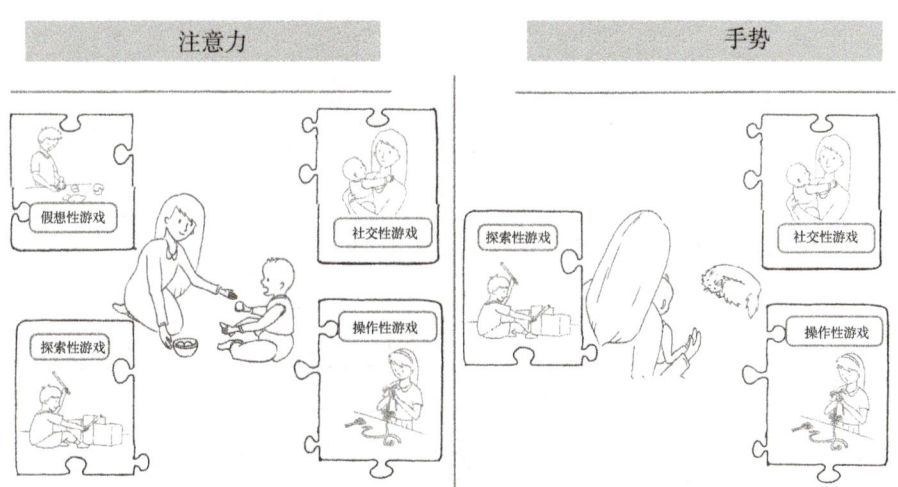

续上图

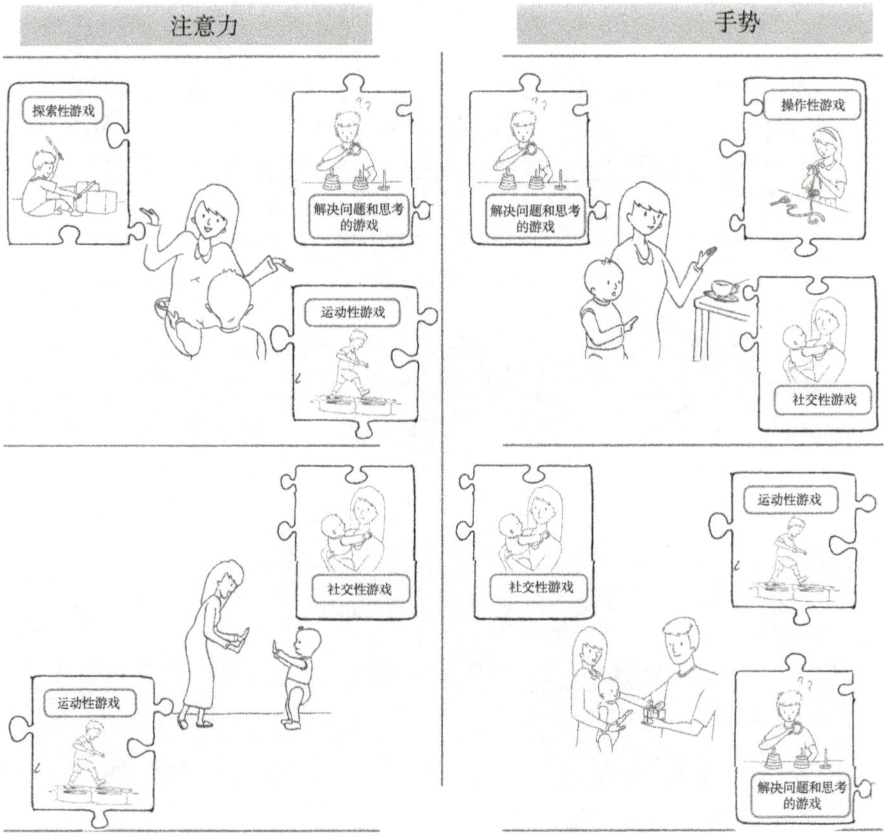

图 8-10 游戏类型与沟通能力的关联

二、游戏前的准备

让我们游戏吧!

我现在明白什么是游戏了,也知道了为什么使用游戏对我们的工作这么重要。但是……关于如何和孩子玩,你可以给我一些提示吗?

这是个非常好的问题。孩子能从游戏中学到多少,这取决于我们如何与他玩。和孩子游戏是一门艺术。以下的方法可以帮助你建立一些技巧。

当你在准备和孩子做游戏时,请思考下面的问题:
- 你准备做哪些活动,为什么?
- 你有需要的所有玩具吗?

- 游戏环境是否安静/放松,并且和孩子在一起时不会被打扰?
- 你有没有向孩子的家长解释你在做什么及为什么这样做?
- 你让家长参与和孩子的游戏活动吗?
- 在你和孩子游戏的这段时间里,你能避免不被打断吗?

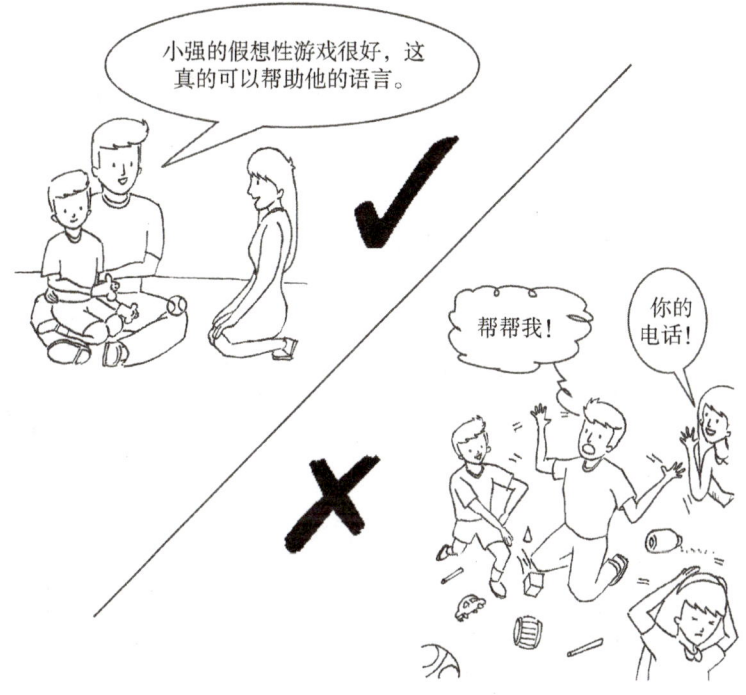

图 8-11 游戏前的准备

三、和孩子游戏的注意事项

现在,仔细思考如何和孩子玩。

(1)选择和孩子的发育水平相近的活动。如果他不能做一个活动,问你自己"为什么",并相应地改变活动。

图 8-12 适当性原则

（2）方法要灵活。当孩子对某事感兴趣时，应跟随他的兴趣，你不能强迫他对你所选择的东西感兴趣。

图 8-13　灵活性原则

（3）当孩子尝试时，表扬并鼓励他。游戏不是孩子成功或失败的测试，表扬他所做出的任何努力是非常重要的。

图 8-14　鼓励性原则

（4）你和孩子在一起的时候要设法保持冷静并不被打扰。

图 8-15　专注性原则

(5) 鼓励孩子参加各种各样的游戏活动,不要只做一种类型的游戏。

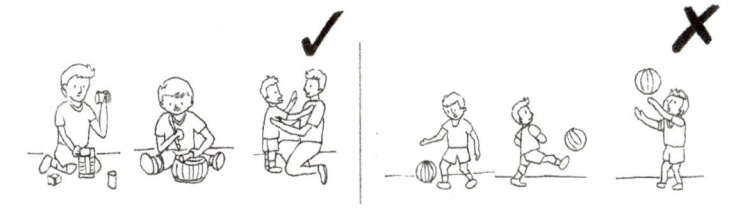

图 8-16　多样性原则

(6) 在你和孩子游戏之前,确定他处于好的精神状态,坐姿是舒适的,应该处在可以自由地使用双手的姿势里。

图 8-17　舒适性原则

(7) 通过你的面部表情和音调表现出你喜欢和孩子一起做游戏,对他在游戏中所做出的任何努力做出积极的反应。

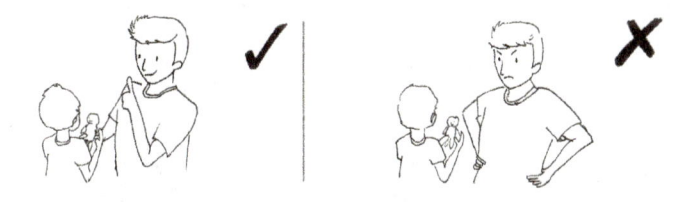

图 8-18　互动性原则

(8) 游戏的时间要短。当孩子开始失去兴趣时,转移到另外一个活动。

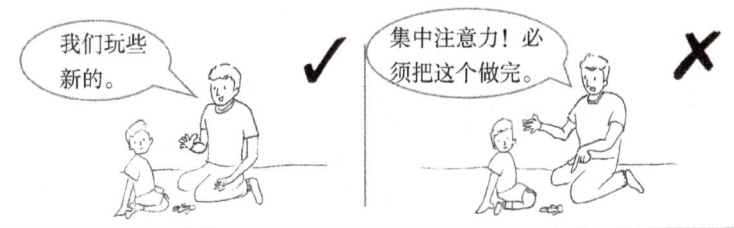

图 8-19　时间适中性原则

（9）如果你与孩子进行的活动是重复的和循序渐进的，那么他就能发展自己的游戏能力。

图8-20　重复和循序渐进原则

（10）在介绍一个新的游戏活动时，首先要为孩子示范这个活动，当你认为他理解了之后，再让他自己尝试。

图8-21　示范与启发尝试性原则

（11）自己玩对孩子来说也是重要的，这是让他自己体验和发现事物的机会。

图8-22　体验和发现原则

四、与残疾儿童一起做游戏的相关问题

在和孩子游戏时可能会遇到如下常见问题，这里给出一些相关的建议。

第 8 章 运用游戏培养孩子的沟通能力

表 8-2 常见问题与建议

问题	建议
扔东西 一些孩子扔掉给他们玩的东西。	首先得问自己"为什么"孩子要扔东西?根据你的回答来处理这个情况。 若孩子是为了引起注意而这么做,那你可以决定忽略他扔东西的行为。但是,在孩子游戏表现好的时候你应该给他注意。 在孩子扔东西之前,严肃地对他说"不行",并用你的面部表情和音调来表示你是认真的。 让孩子玩一个新的且他更感兴趣的游戏活动。
把东西放进嘴里 一些孩子把给他们玩的所有东西放进嘴中。	还是一样,问自己"为什么"孩子要把东西放进嘴里? 把东西放进嘴里可能是他探索东西的唯一方法,如果真是这样,你就需要向孩子解释,他可以怎么用其他的方法来探索。 帮助孩子更多地用手感觉东西,如敲打/放下和拿起东西。 让孩子感觉和玩他感兴趣的东西。使用那些不同质地/不同声音/颜色鲜艳的东西。 鼓励孩子转移到新的且能使他更感兴趣的游戏活动。
只玩某种东西 一些孩子喜欢只玩一种特别的玩具,很难说服他们玩别的东西。	允许孩子用他最喜欢的东西玩一会儿,但是要设法逐渐地介绍新活动。 向孩子解释他可以如何用不同方法来使用东西。 把新的东西和孩子喜爱的东西放在一起,然后帮助他使用。 通过你的互动让孩子感觉游戏是很有趣的。

续上表

问题	建议
不停地动来动去 一些孩子难以坐下来和集中精力于一个游戏、活动一段时间。	鼓励他坐下来玩,但不要强迫他。 开始时不和孩子一起玩,过一段时间后看他是否会过来加入你的游戏。 在参加这个活动之前,让孩子先坐下来。 只玩一小段时间。在孩子注意力分散时,让他起来活动一会儿,再回来进行下一个活动。 如果孩子有一段时间能坐下来并集中精力于一个活动,那就表扬他,通过你的面部表情/音调对他表示你感到满意。
对玩具没有兴趣 一些孩子对玩具没有特别的兴趣。	使用最有可能吸引孩子的玩具,试试颜色鲜艳、有声音或看起来有趣的玩具。 如果孩子看人的脸但不看东西,就把东西靠近你的脸,鼓励他去看。 在你们游戏时,尝试使用欢快的面部表情和声音,并充满感情,这样孩子能对你们正在做的感兴趣。 使用有趣的玩具和欢快的游戏活动,更有可能使孩子产生兴趣。

如果你正在帮助做游戏有困难的孩子,希望这些建议可以帮助到你。需要记住的最重要的一点是,帮助孩子学习需要花时间,所以要耐心、坚持并表现出你的关心。

五、关于游戏需要记住的重点

游戏是"沟通房子"中不可缺少的一部分。通过游戏,孩子可以发展沟通所需要的能力。

有6种不同类型的游戏:探索性游戏/运动性游戏、操作性游戏、社交性游戏/假想性游戏以及解决问题和思考的游戏。

每类游戏都是同样重要的。

所有的游戏类型都相互联系、彼此依赖,它们按照一定发展顺序一起发展。

每个不同类型的游戏对孩子的发育都起着重要的作用。

在我们帮助孩子时,我们需要确保孩子体验各种不同类型的游戏。

大多数游戏活动包括许多不同的组成部分。

通过了解游戏发展的阶段,我们可以知道孩子的功能水平,并帮助他从那里发展他的能力。

游戏的发展需要花时间,在早期发展阶段被建立起来之前,不要催促孩子进入以后的阶段。

除了家长外,也应该向其他孩子解释如何和残疾孩子做游戏。

确保你给家长建议的游戏活动是在家中容易执行的。

孩子游戏能力的发展取决于我们和孩子游戏的技巧。

第3节 制作和使用玩具

一、游戏与玩具

关于游戏你已经谈了很多,但还没有提到玩具。它们在我们和孩子的工作中有多重要呢?

这是个好问题——有些人认为玩具是游戏中最重要的部分,孩子的玩具越多越好。这个想法是不对的。首先,游戏可以在没有玩具的情况下进行;其次,玩具本身不能帮助孩子,如何使用玩具才是最重要的。

关于玩具和游戏的更多想法:

孩子在玩玩具前,需要先和人互动,这两者都需要帮助孩子去做。

孩子和人或玩具的任何互动,都需要有某些基本的注意力。

有效地使用玩具需要我们各方面的技能。

为了发展游戏的不同类型,或促进不同的沟通技能,根据孩子的需要,我们可以用许多不同的方法来使用大多数玩具。

玩具不需要是昂贵的,通常,最好的玩具是我们自制的。

二、自己动手制作玩具

现在让我们看一些我们自己能制作和使用的玩具。

表 8-3　自制玩具与沟通能力发展的关联

游戏类型		沟通能力
运动性游戏 操作性游戏		注意力 听力
运动性游戏 操作性游戏 探索性游戏 解决问题和思考类游戏		注意力
运动性游戏 操作性游戏 解决问题和思考类游戏		注意力 言语
操作性游戏 探索性游戏		注意力

第8章 运用游戏培养孩子的沟通能力

续上表

游戏类型		沟通能力
运动性游戏 操作性游戏 探索性游戏 社交性游戏 解决问题和思考类游戏	1、2、3 推！ 噢	注意力 听力 言语
运动性游戏 操作性游戏 解决问题的游戏 探索性游戏		注意力
运动性游戏 操作性游戏 解决问题和思考类游戏 探索性游戏	哗啦！哗啦！ 倒茶!!	注意力 模仿 言语
运动性游戏 操作性游戏 解决问题和思考类游戏	汽车！ 不见了！ 在这儿！	注意力 理解能力

续上表

游戏类型		沟通能力
假想性游戏 社交性游戏		理解能力 言语
假想性游戏 社交性游戏		模仿 理解能力
运动性游戏 假想性游戏		言语
运动性游戏 操作性游戏 社交性游戏		模仿 轮流互动 言语

第 8 章　运用游戏培养孩子的沟通能力

续上表

游戏类型		沟通能力
探索性游戏 操作性游戏 运动性游戏 解决问题和思考类游戏 社交性游戏		注意力 言语 轮流互动
运动性游戏 假想性游戏		言语 模仿
运动性游戏		注意力
解决问题和思考类游戏 探索性游戏		注意力 听力 轮流互动

151

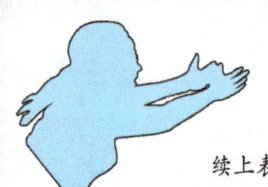
脑瘫儿童沟通能力康复训练手册

续上表

游戏类型		沟通能力
操作性游戏 运动性游戏 解决问题和思考类游戏 社交性游戏	（图：轮到我、轮到你！）	注意力 言语 模仿能力 轮流互动 听力
运动性游戏 操作性游戏	（图）	注意力
操作性游戏 运动性游戏 解决问题和思考类游戏	（图）	注意力
操作性游戏 运动性游戏	（图）	注意力

续上表

游戏类型		沟通能力
探索性游戏 运动性游戏 操作性游戏		理解能力
操作性游戏 解决问题和思考类游戏		注意力 理解能力
操作性游戏 解决问题和思考类游戏		注意力
运动性游戏 社交性游戏		注意力 模仿能力

续上表

游戏类型		沟通能力
假想性游戏 社交性游戏 运动性游戏		言语 模仿能力
操作性游戏 运动性游戏 假想性游戏 社交性游戏		言语 模仿能力 注意力
操作性游戏 社交性游戏 解决问题和思考 类游戏		注意力 言语 听力
操作性游戏 社交性游戏 解决问题和思考 类游戏		注意力 听力 模仿能力 言语

三、在小组里制作玩具

几个有患病小孩的家庭一起构成一个小组，这样的小组可以一起制作玩具。

表8-4 小组玩具制作

什么是教给家长为他们的孩子制作低成本玩具最好的方法？	教给家长为他们的孩子制作低成本玩具的最好方法之一，是组织家长一起为他们的孩子制作玩具。
为什么这是最好的方法？	小组活动为家长提供见面、分享帮助孩子的方法和所需玩具的一个机会。也可以让家长使用他们在家里没有的材料来制作玩具。这是一个教给家长更多关于游戏和如何使用玩具的机会。
我可以如何组织一个制作玩具的小组活动？	想想哪些孩子需要玩具，邀请他们的家长来参加玩具制作的活动。这个活动可以进行一天或两天以上。你可以自己决定。

以下是在组织家庭小组一起制作玩具时你需要考虑的事项：

- 你有合适的地方举办玩具制作小组吗；
- 你需要桌子和椅子吗？如果需要，你能找到吗；
- 你需要其他人帮助你举办小组活动吗？例如红十字会志愿者/孩子母亲；
- 你想要家长具体制作哪些玩具；
- 你确定自己知道如何制作玩具吗；
- 家长需要哪些材料来制作玩具？

四、关于玩具需要记住的重点

- 只要我们使用一点想象力，就可以把日常生活用具制作成具有教育性的玩具；
- 我们必须仔细考虑使用某个玩具的目的是什么；
- 我们在帮助孩子时，要使用家长在家里已有的，或是他们容易制作的玩具；

脑瘫儿童沟通能力康复训练手册

- 为家长组织制作玩具活动是我们制作的一个重要部分；
- 一些孩子需要我们的指导来学习如何使用玩具；
- 我们应该鼓励孩子重视他们的玩具，并用正确的方法使用玩具；
- 孩子有许多玩具，不一定就能受益——很好地使用少量玩具，比有许多不适合的玩具对孩子更有帮助；
- 我们和孩子在一起游戏的技巧能帮助孩子尽量地利用好玩具。

第9章 日常生活中的沟通能力与语言能力的培养

第5章第1节曾经提到，各种培养沟通能力的活动"只使用日常生活用品及日常生活情景"，可见，日常生活是培养儿童沟通能力的最佳场所。

本章讨论两个问题：一是如何在日常生活中尽量帮助儿童培养沟通能力；二是专门探讨如何在日常生活中帮助儿童培养语言能力。

第1节 日常生活中的沟通

【家长感言】

我从康复中心学习到如何教小培自己洗漱、穿衣、吃饭和上厕所。我的朋友经常鼓励我继续去康复中心，并遵循他们给我的建议。现在，小培可以自己吃饭、尝试自己穿衣服、上厕所。他能够说一些话，如果使用手势还能和别人沟通。我以前从来没有想过，我可以在日常生活中教小培做这么多的事。

——小培的妈妈

因为我平时工作太忙，没有多余的时间来帮助我的残疾孩子。看到他没有任何的进步使我很担心，但是为了养家，我又不得不去工作赚钱。后来我去了康复中心，那里的工作人员教我如何使用日常生活活动来教小迪。之后，我开始利用给小迪洗澡和穿衣服的时间对他说话、教他沟通。最终，他取得了进步。

——小迪的爸爸

我开始去康复中心并参加了一个家长支持小组。我在那里学到了如何照顾莎莎，让她保持清洁，使她能更好地进食，以及如何与她交谈，让她熟悉我的声音。我告诉自己我必须要爱莎莎，并且照顾她。我开始让她保持清洁，给她穿漂亮的衣服，这样，别人会注意到她看起来有多可爱，而不会只是去注意她的残疾。现在，人们称赞她的衣服和她看起来的样子，这使我感到很高兴。

——莎莎的妈妈

我学习到如何在给小凡洗澡、穿衣服、喂她吃饭和做家务的时候帮助她。当时我被告知小凡只是说话慢些,她最终是能学会说话的。从那以后,小凡就一直在平稳地进步,现在她几乎和其他同龄孩子一样了。她学习自己洗漱和穿衣服,她也说很多话。现在,当我听到她的声音时就想:哈!小凡,你现在真的比以前开心多了!

——小凡的爸爸

一、什么是日常生活情景

日常生活情景是家庭日程的一部分,是在家里发生的活动,主要包括洗澡、穿衣服、吃饭以及家务活动,比如做饭、打扫卫生、洗衣服和盘子。

二、孩子在日常生活情景中可以学习什么

我们可以使用日常生活情景教给孩子许多不同的能力,包括增强独立性、粗大运动能力、精细运动能力、认知能力、社交互动和沟通能力。见下图。

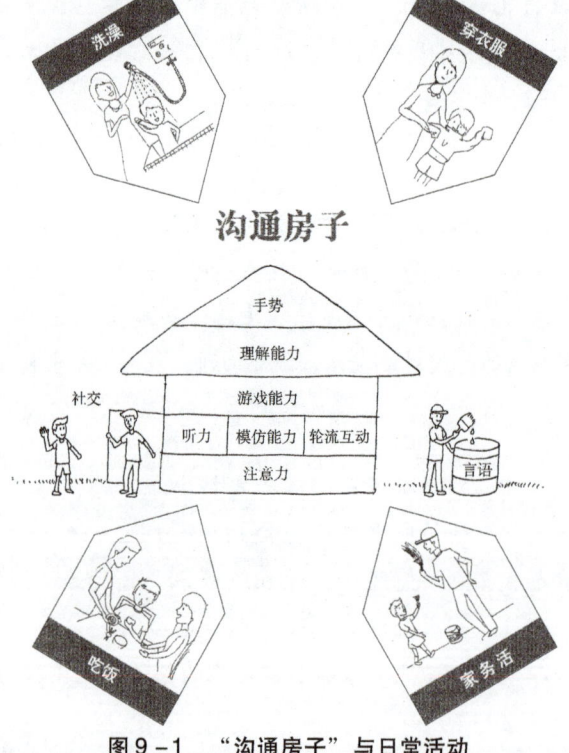

图9-1 "沟通房子"与日常活动

孩子能从日常生活情景中学到什么,这取决于他的能力和残疾情况。每个孩子都有自己个人的需要和潜能。因此,日常生活情景应该要能适应他们的那些需要和潜能。例如,一些孩子可能需要帮助其发展基本的沟通能力;另外一些孩子需要练习"沟通房子"的所有能力;还有一些孩子则可能已经在准备理解和使用单词了。

三、为什么日常生活情景对教学很重要

日常生活情景对教学很重要,因为它们:
- 在每天都发生很多次;
- 可以自然地互动;
- 鼓励孩子主动自理;
- 提高孩子的自尊;
- 为孩子上学和以后的独立生活做准备;
- 使用我们日常生活中需要的单词。

就像我们所说的,孩子在日常生活情景中可以学习许多不同的技能,但是在本部分里,我们要特别地了解他们可以怎样学习沟通能力。

如果能向父母说明如何使用日常生活情景作为教孩子的机会,这些情景对于建立"沟通房子"的技能就能成为无价的工具。

此外,日常生活情景显然还有以下好处:
- 有趣;
- 不需要额外的时间;
- 不需要特殊的设备和玩具;
- 所有家庭成员都可以参与。

四、在日常生活情景中学习沟通的重要原则

先让我们观察两位妈妈的不同表现:

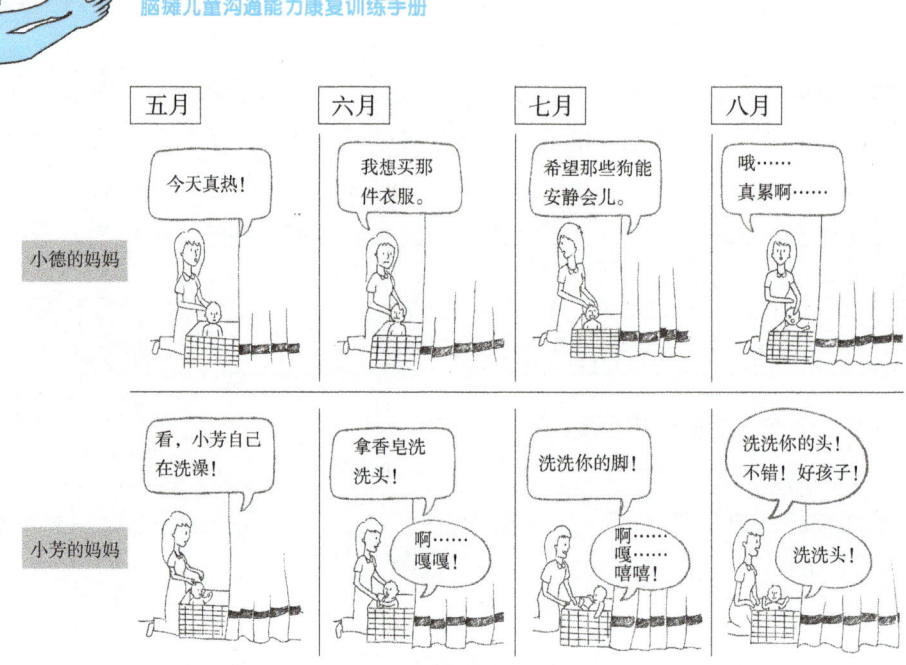

图9-2 两种沟通方法

思考：这两位妈妈有什么不同？

小德的妈妈没有兴趣给孩子洗澡，也没有和孩子互动。从5月到8月的这段时间里，无论是小德的妈妈或是孩子的行为都没有改变。

小芳的妈妈有兴趣给孩子洗澡，并努力和孩子互动。作为努力的结果，小芳对沟通有更多的反应和兴趣。她的理解能力得到了改善，也开始参与洗澡。

从上图可以看出，小芳的妈妈通过使用自己的沟通技能，把日常生活情景转变成孩子可以发展沟通能力的机会。这是我们每个人都应该尝试做到的。

从小芳的妈妈身上我们可以学习到在日常生活情景中学习沟通的重要原则：

- 和孩子在一起时的情景，她投入全部的注意力；
- 和孩子说话之前，她通过叫孩子的名字和触摸孩子来集中孩子的注意力；
- 她使自己与孩子处在相同的水平位置；
- 她与孩子有良好的视线接触；
- 她告诉孩子她正在做什么；
- 她使用清楚、简单的语言；

- 她经常有联系地重复重要的单词；
- 她使用有趣的面部表情和声音；
- 她使孩子参与活动，并鼓励孩子自己尝试；
- 如果孩子尝试了，她会表扬孩子。

记住：重要的是你如何对孩子说话，而不是你对孩子说了多少话。

让我们也去试试这些重要原则吧。

五、在日常生活情景中培养儿童沟通能力的关键点

记住：

- 只要所有家庭成员都能以自然和轻松的方式沟通，日常生活情景就能成为有价值的时间；
- 是否可以把一个普通的日常生活情景变成有趣的和有价值的学习机会，关键在于我们怎样处理；
- 日常生活情景可以是很有趣的；
- 如果我们能很好地使用自己的沟通能力，我们就可以帮助孩子发展他的沟通能力；
- 帮助孩子尽可能多地自理，可以使他成为社会上有价值、被接纳的一员。

六、小结

- 日常生活情景是在家庭中每天有规律地出现的情景；
- 孩子在日常生活情景中可以学习许多不同的技能——沟通只是他可以从中发展的一个方面；
- 日常生活情景是学习沟通能力，包括学习单词的最佳情景；
- 它们是让沟通能在一个功能性环境下发生的自然情景；
- 根据每个孩子的需要和我们帮助孩子的目标，可以用不同的方法使用日常生活情景；
- 日常生活情景可以用来教沟通能力处于不同水平的孩子，从基本沟通到理解和使用单词；
- 通过使用日常生活情景，家人可以通过每天的家务活动来教他们的残疾孩子；

- 对于没有太多空余时间和孩子游戏的家人,应该鼓励他们使用日常生活情景帮助他们的孩子学习;
- 日常生活情景对所有的孩子都是最有价值的学习机会。

第 2 节　儿童语言能力的培养

对正常人而言,人际交往、沟通的最重要工具是语言。在"沟通房子"中,语言的作用相当于该房子的外漆,遍布了"沟通房子"的每一个角落。因此,培养儿童语言能力对于儿童的成长具有极其重要的意义。

而儿童的语言能力主要是在日常生活情景中形成的。父母必须充分利用各种日常生活情景帮助残疾儿童发展语言能力。

一、单词学习基本知识

学习理解和使用语言是所有沟通能力中最困难的一种能力。因为它是如此的重要,因而我们现在就要仔细地来看看人们是怎样学习语言的。

日常生活情景是学习理解和使用单词的最佳时机,因为这是在自然的、有意义的情况下使用单词。另外,因为这些情景每天都在发生,并且一天之中不止出现一次,所以,经常地重复单词和情景使孩子能更加熟悉它们。我们每个人都是这样学习口头语言的。

就像我们在第一章里所说的,口头语言只是沟通的一部分。虽然不是所有沟通有困难的(残疾)孩子都能发展口头语言,但有一些孩子是可以发展的。日常生活情景为那些准备理解和使用单词的孩子提供了理想的学习机会。

1. 如何学习单词

大多数人能容易地学习使用单词,不会再三考虑,就像小时候学习使用单词的过程。为了帮助我们更好地理解正在学习说话的孩子,我们可以回想自己过去开始学习第二语言时的经历。

试试这个活动:

第 9 章 日常生活中的沟通能力与语言能力的培养

图 9-3 学习单词

2. 什么是单词

单词是用于代表东西的符号。

单词使我们能够谈论没有在场/看不见的东西。

只要另一个人能理解一个声音的意思，就可以称那个声音为单词。

很多不同的单词可以用来代表茶杯、狗和面包。并且，这些只是在全世界用于茶杯、狗和面包的许多单词中的一部分而已。

图 9-4　单词

3. 学习单词的三个阶段

要真正地学习和理解单词，仅仅听别人说是不够的。单独地听一个词并不能帮助孩子明白那个单词的意思。必须把单词与东西或情景联系起来，这个单词才变得有意义和实用。

要使孩子真正能学习到单词，他必须：

- 听到这个单词；
- 看到它所代表的东西；
- 看到这个东西被使用；
- 握住这个东西；
- 使用这个东西；
- 感觉这个东西；
- 经常地体验这个情景/东西。

因此，学习单词包括如下 3 个阶段：

表9-1 学习单词的三个阶段

阶段	孩子	成人	重点！
1. 理解意思。	听到单词在许多不同情景中被使用。 ● 把所听到的单词和它的意思联系起来。 ● 开始理解单词。	在许多不同情景中强调并使用这个单词。 ● 重复单词，并清楚地把它和它的意思联系起来。 ● 坚持使用同样的单词代表同样的事物。	孩子不需要说。 ● 让孩子积极地参与到情景中。 ● 耐心——这个阶段需要花时间。
2. 模仿成人。	设法模仿他在情景中所听到的单词。 通过成人的反应，得到鼓励。 不断尝试。	给孩子时间尝试使用单词。 表扬孩子为说出单词所做的任何努力。 前后一致地持续使用单词。	对孩子耐心一点，不要强迫他说。 不要说得太多。 在这个阶段给孩子大量时间——不要催促孩子进入第三阶段。
3. 有意义地使用单词。	考虑自己想要表达什么意思。 记住这个单词以及它的意思。 记住如何说出这个单词。	保持相同的活动能给孩子时间思考并使用单词。 表扬和接受孩子在有意义的情景中，为使用单词所做出的努力。	不要太快进行新的活动，教授新的单词——孩子需要练习。 做一个好的榜样来让孩子跟随。

4. 真实的单词使用情景

对比图9-5中的两种情况，你就能看出帮助孩子在三个阶段取得进展，对孩子学习单词有多么重要。

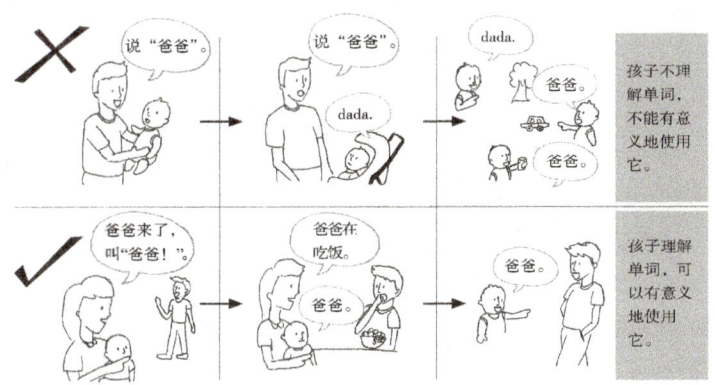

图9-5 学习单词的两种方法

5. 词性的理解

单词有不同的类型，儿童学习不同类型单词，是按照特定的顺序进行的。我们所使用的单词主要可以分为以下几类：

早期

- 人称词，如妈妈、爸爸、小玲、小明；
- 名词，如球、汽车、椅子、布娃娃、书；
- 社交词，如再见、你好、不、是。

后期

- 动词，如吃、睡、走、洗澡、煮饭、洗；
- 形容词，如热、冷、大、小、快、慢。

孩子在以后也需要学会其他一些词，如：我、他、你、去、哪里、里面、下面、旁边、上去、下来、他们。

6. 组词成句

孩子在学会理解和使用许多单个的单词之后，就需要学习如何把这些单词放到一起形成句子。开始时，只把两个单词放到一起，然后3个，以后再把许多的单词放到一起形成一个长句。

你知道在我们把单词放到一起形成句子时需要遵循一些规则吗？如果我说"书这本有趣的是"，我就没有按照规则来说，对吧？在孩子学习把单词放到一起组句时，他可能需要我们帮助他来遵循规则。

指导孩子把单个的单词放到一起形成早期句子的规则有：

- 社交词＋人称词

如——"再见爸爸"、"是的妈妈"；

- 动词＋人称词或东西

如——"洗洗娃娃"、"喂宝宝"；

- 人称词，东西＋动词

如——"爸爸走"、"娃娃睡觉"；

- 形容词＋人称词，东西，动词

如——"大锅"、"更多的牛奶"。

记住使用以上的规则来帮助孩子从单个单词进入双词句子。

另外，回想一下我们说过的孩子如何学习理解和使用单个的单词。孩子

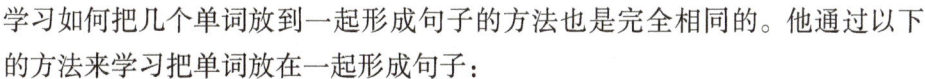

学习如何把几个单词放到一起形成句子的方法也是完全相同的。他通过以下的方法来学习把单词放在一起形成句子:
- 通过听到成人在各种日常生活情景中使用双词句子;
- 通过把被使用的单词和相关的情景联系起来;
- 通过开始理解所使用的单词的意思;
- 设法在情景中模仿成人的双词句子;
- 通过自己记住在有意义的情景中如何说出双词句子。

记住:
- 表扬孩子所做的任何尝试;
- 经常在有意义的情景中重复片语;
- 经常使用孩子知道的单词,设法把相同的单词放到一起形成新片语;
- 在孩子开始把两个单词放在一起之后,他就能很快地学会造比较长的片语和句子了。

7. 学习单词指南

- 首先要确定孩子是否已经准备好学习单词的意识——他已经在使用手势了吗?他喜欢假想性游戏吗?他已经能使用一些有意义的声音了吗?
- 如果是,决定哪些单词对于孩子的学习是有帮助的——他对什么感兴趣?可以使用什么情境来教孩子?使用上面属于早期的那些单词教孩子,也就是人称词、名词和社交词,以后再教动词和形容词;
- 考虑如何教孩子单词——选择5～10个单词教孩子,回想前面学习单词所包括的三个阶段,思考使用什么情景来教孩子学习你所选择的每一个单词。

图9-6 在日常生活情景中学习单词

记住：
- 每次教他们时不要超过 10 个单词；
- 耐心一点，在接着学习新的 10 个单词之前，要确定孩子已经熟悉了前 10 个单词；
- 虽然孩子的发音在开始时不会完全正确，但在他每次尝试开口时都要表扬他。

二、日常生活情景与单词学习

现在，我们要看一些更详细的日常生活情景，以及可以用来帮助建立"沟通房子"能力的活动。仔细地看每一幅图片，思考在各情景中可以培养哪些沟通能力。

1. 洗澡

图 9-7　在洗澡时学习单词

给孩子洗澡时可以教下面的单词：

人称词：爸爸、小刚等。

名词：盆子、水、香皂、毛巾、衣服、头、胳膊、腿、肚子、脸、头发等。

社交词：哗啦、看、呵、给我、再见。

动词：看、闻、倒、洗、擦、进去、出来、坐下、站起来、玩。

形容词：热、冷、干净、脏、快、慢、柔软、粗糙、滑。

2. 穿衣服

图9-8　在穿衣服时学习单词

给孩子穿衣服时可以教这些单词：

人称词：妈妈、小强等。

名词：衬衫、短裤、裤子、鞋、袜子、帽子、扣子、鞋带、拉链、胳膊、腿、脚等。

社交词：哈、好孩子、看等。

动词：戴上、摘下、系上、束紧、穿上、脱下等。

形容词：聪明、新的、旧的、长的、短的、红色的、棕色的、绿色的、热的、凉的等。

3. 吃饭

图9-9　吃饭时学习单词

在吃饭时间可以教这些单词：

人称词：小洁、小明、妈妈、小强、爸爸等。

名词：粥、肉、蔬菜、汤、盘子、杯子、锅、橘子、香蕉、宝宝、娃娃、勺子、火等。

社交词：拍手、请、还要、给我、好孩子、再见、谢谢、不要了等。

动词：吃、煮、拿、给、擦干、拍、弄干净、放、搅拌、喂、取。

形容词：热、冷、饿、满、甜、渴、好香、好吃等。

4. 家务劳动

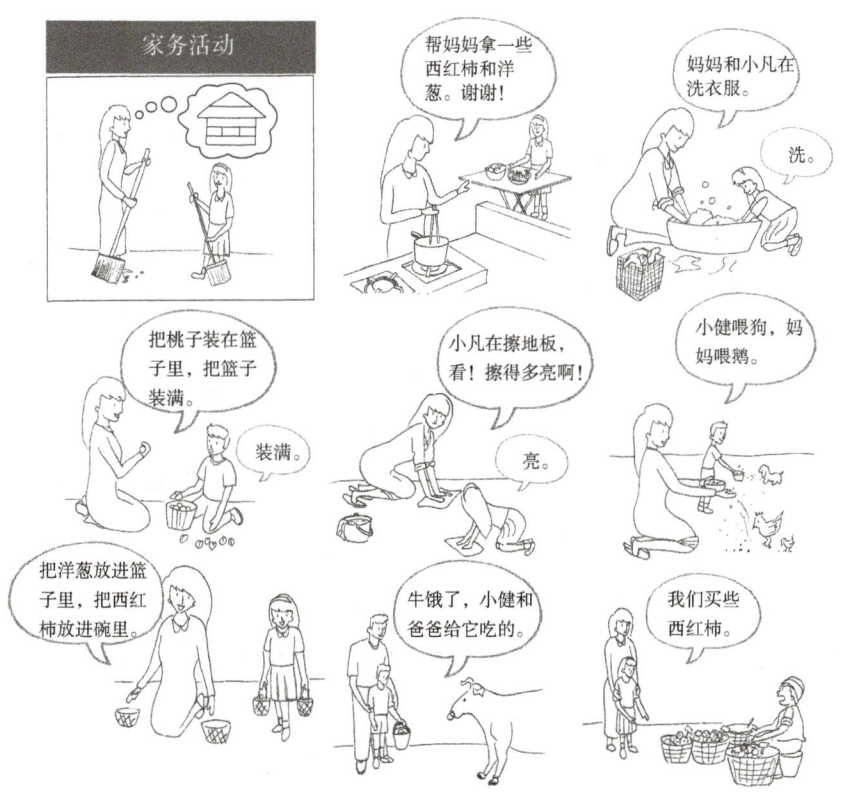

图 9-10　在做家务时学习单词

在指导孩子做家务劳动时可以教这些单词：

人称词：妈妈、爸爸、小健、小凡等。

名词：番茄、盘子、洋葱、衬衫、短裤、狗、鸡、牛、上光剂、树丛等。

社交词：你好、再见、好孩子、做得好、谢谢、小心等。
动词：洗、给、喂、擦亮、擦洗、收集、买、选择、扫、发现、帮助等。
形容词：干净、脏、饿、满、亮、好看，等等。

三、关于学习单词需要记住的重点

- 单词是象征东西的符号；
- 使用不能理解的单词，对于沟通是没有意义的；
- 每次选择不要超过 10 个单词集中教给孩子；
- 孩子需要学习不同类型的单词；
- 注意你所选择的单词对孩子来说是有用的；
- 尽可能多地想出可以教给孩子单词的情景；
- 记住学习单词包括了 3 个阶段；
- 积极地让孩子参与活动，清楚地向他解释单词的意思；
- 给孩子时间去听和思考你在说什么；
- 绝不要强迫孩子重复你说的单词；
- 只要孩子努力说出单词，即使他的发音在开始时可能不正确，你也应该表扬他；
- 一旦孩子开始使用一些新单词，就要在日常生活情景中继续使用这些单词，这样孩子就会牢牢地记住这些单词；
- 当孩子准备好学习新单词时，就选择 5 个新的单词教给他；
- 日常生活情景是学习单词的最佳时机。

第 10 章　家庭互助与学校教育

第 1 节　家庭互助

【家长感言】

对于每一个有残疾儿童的家庭来说,他们都会遇到各种各样的不幸与困难。下面是一些家长说的话:

过去,对我来说有个像婷婷这样的孩子是很不容易的,因为她不能像其他同龄孩子那样做相同的事。但是现在我知道,如果我看到其他像她这样的孩子,我可以给他们的家长一些建议。我现在定期去康复中心和残疾孩子的妈妈们一起交谈,我向她们解释我是如何帮助婷婷的。当家长们像这样聚在一起时,没有人会害羞或因他们的孩子而感到丢脸,通常我们的问题都是一样的。我们在一起的时候可以分享解决问题的办法,还可以互相帮助。

——婷婷的妈妈

我过去经常感到很灰心。因为星星做什么事都要花好长时间,他的动作太慢,而且很容易分心。所以,我觉得替他做事比他自己做要容易和快得多,而且其他的家长也是这样做的,但是康复师却劝我们不要替孩子做事情。她经常花几个小时和我们坐在一起,教我们如何帮助孩子自己梳洗和穿衣服。每当看到星星在掌握了新的知识或技能时露出的微笑,我很开心。小组活动帮助我继续他的计划,也鼓励了其他的家长。

——星星的妈妈

我永远不会忘记第一次去康复中心的经历。因为我期待能得到一些可以使我的孩子说话的药物,所以,当康复师告诉我没有那样的药物时,我感到非常失望。然而,他们邀请我参加了康复中心的一个小组会议。他们教我怎样和小梅一起做可以专门帮助她学习说话的游戏。我认为我应该试试这个建议，所以我向家人解释我所学到的，我们决定尝试帮助小梅。慢慢地，我们看到了一些进步，所以我持续不断地回到康复中心，向小组寻求更多的建议。

——小梅的爸爸

照顾莎莎个是件容易的事。虽然我辛苦照顾了她很多年，但是我对她的爱却越来越强烈。现在的情况是，诊所的工作人员把那些对自己的残疾孩子感到抬不起头，或不知如何照顾他们的妈妈们送到我这儿来寻求建议和支持。我相信妈妈们可以相互支持是件非常重要的事，因为一个妈妈通常会感觉自己非常孤独。我知道一些妈妈会很容易放弃，并对他们的孩子失去耐心。所以当一个妈妈来找我的时候，我会安慰她并告诉她说"你的问题也是我的问题"。

——莎莎的爸爸

由康复师组织的家长小组对我们的帮助很大。我认为不应该把残疾孩子送进社会机构里去，应该帮助孩子的家庭在家照顾和关爱他们的孩子。对于残疾的孩子，家长应该表现出更多的爱。另外，因为孩子的改变可能会很慢，所以家长也应该要有耐心。他们应该不断地和孩子交谈，这样，孩子才能熟悉他们的声音。总之，残疾孩子的家长们应该互相分享方法，并且永远都不要失去希望。

——小学的爸爸

那些有着相似苦难的家庭，可以联合起来，组成互助小组，共同面对困难，这对孩子的成长极其有益。

一、与家庭互助小组相关的问题

1. 家庭互助小组

嗯，与其跟一个孩子和他的家长单独坐在一起，不如邀请一组有残疾孩子的家长，找个时间聚集在一个地方。通过和家长一起工作并分享方法，在小组活动里就可以个别帮助到每个孩子。

2. 家庭互助小组的好处

从孩子的角度来看，在更自然的情况下，与成人及其他孩子互动是比较好的。从家长的角度来看，知道自己不是唯一有残疾孩子的人，这一点是很重要的。另外，家庭互助小组也能提供家长互相支持、彼此学习和分享经验的机会。

表 10－1　家庭互助小组的作用

作用	图示
能提供一个放松和自然的场所，使孩子们可以更自由地彼此互动。	
增加孩子各式各样的沟通机会。 可以在小组的环境里个别观察孩子。	
鼓励家长在帮助孩子时扮演更积极的角色。	
为家长提供相聚并彼此支持的机会。	
可以邀请其他能帮助孩子的人参加小组，例如学前班老师、特殊教育老师、相关的民间组织、其他康复工作者等。	

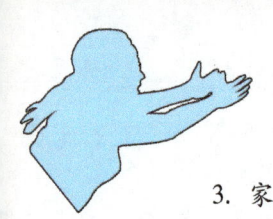

3. 家庭互助小组包括哪些人

家长和他们的残疾孩子——他们是最重要的人，还有策划小组活动的人及邀请来协助这个活动的人。

4. 在哪里举办小组活动

在社区的一个中心地带是比较理想的，这样，大多数的家长比较容易参与。同样重要的是，那个地方要有足够的水、为小组做饭的设施和休息的地方。

5. 如何组织和举行家庭互助小组活动

在举行家庭互助小组活动之前，需要考虑许多的事。本节内容就是要具体教你如何举行家庭互助小组活动。

二、如何举办家庭互助小组的活动

1. 明确举办家庭互助小组活动的目标

家庭互助小组活动的目标是为了：
- 使残疾孩子的家长聚在一起分享方法和经验，并互相支持；
- 让残疾孩子聚集在轻松自然的环境里，可以观察他们自由地游戏和互动；
- 提供机会帮助家长了解他们的孩子的残疾情况，教他们如何在家里帮助孩子；
- 提供在日常生活活动，如洗澡、穿衣服和吃饭时观察和帮助孩子的机会；
- 为了帮助家长，聚集其他与孩子发展相关的人，例如教育和营养方面的顾问和成年的残疾人等。

2. 活动前要预先考虑的问题

组织家庭互助小组活动，需要考虑的因素很多。作为康复师或家长之一，你要得到多方的支持才行。例如如下问题：
我的同事支持我吗？他们赞成举办小组活动的想法吗？他们当中有人可

以协助小组活动吗？

我可以获得举行活动的资金吗？我有没有预算以下的费用：
- 食物和饮料；
- 住宿；
- 交通；
- 工作人员；
- 燃料；
- 材料。

哪种孩子可以参加小组活动？所有有相同残疾的孩子，如听力损伤还是可以让有不同残疾的孩子混合在一起？举行这次小组活动的目的是什么？

我应该多长时间举行一次？家长有足够的交通费吗？每周一次？每月一次？每3个月一次？

我可以找到什么样的地方，那里有足够的空间，并且有可以过夜的房间吗？

谁可以来帮助我？如果是大型的团体活动，我能找到足够的工作人员吗？

举行每个小组活动需要多长的时间？半天、1天还是3天？

我可以邀请多少孩子？我有多少食物和房间？

小组活动长远的计划是什么？

无论是对我还是家长，一年中的哪些时间举行小组活动会比较好？例如寒暑假？公共假期？月末？雨季？旱季？

以上几点是你需要考虑的，我希望它能帮助你决定举行什么样的家长小组以及如何组织！

请等一等！你谈到的家长和孩子组织的小组活动听起来很好，但做起来似乎会很困难。

嗯，是的，是需要做一些组织工作，但是请相信我，举行小组活动所带来的益处是值得我们付出努力的。

3. 举办家庭互助小组活动前的一些切实可行的措施

（1）在你计划举行家长和孩子小组活动时，确保通知所有相关人员，特别是家长。

（2）和他们讨论你想要举行小组活动的日期。

（3）安排食物、午餐、茶点等。有必要的话，组织和写下需求。

(4) 为家长、孩子和参观的工作人员安排住宿。

(5) 安排必要的交通工具。

(6) 计划一个时间表,把它写下来并存档。

(7) 6周之前,以书面的方式邀请所有的来访演讲者(一周之前,用电话与他们确认)。

(8) 如果需要工作人员,应做好必要的安排。

(9) 在活动前2~3周写信给家长,提醒他们来参加小组活动。

(10) 准备好所有的材料,例如用来制作玩具和教学的材料等。

(11) 为小组活动制作一份时间表的海报。

(12) 制作一份小组活动目标的海报。

(13) 确保活动期间的工作能顺利进行,例如有足够的食物和被子等。

(14) 从家长那里了解他们在下次的小组活动中想看到什么。

(15) 通知下次小组活动的日期,注意在所有家长的卡片上写下日期。

(16) 写信给来访的演讲者,感谢他们所做的贡献。

(17) 给每个家长写一个他们孩子目标计划的总结。

(18) 思考这次小组活动进行得如何,考虑任何下次可以改进的方面。

(19) 写一份小组活动的报告,并把它送给相关人员。

(20) 开始考虑和着手准备下一次的小组活动。

4. 家庭互助小组活动要领

表10-2 家庭互助小组活动要领

做好准备!确定自己知道要教什么内容,为什么要教这个内容。把所有需要的材料都准备好放在身边。	教学的地方要舒适。布置好椅子或垫子的位置,使他们每个人都能看到你。注意,要让每个人都感觉到自己是小组的一部分。
在你开始教学之前,先清楚地向小组做介绍,告诉他们你要谈论什么及为什么要谈论这些内容。	把你的语言调整到家长能接受的水准,使用他们能理解的话。如果你使用专业词汇,就需要进行解释。

续上表

尊重小组成员，平等地和他们交谈。	表现出你的活跃和热情来，这样家长可以看到你很高兴与他们讨论。
不要着急，慢慢地，清楚地进行解释，这样小组成员才可以理解。不要太仓促！	鼓励家长积极地参与。问他们问题，鼓励他们做角色扮演游戏等。
朝你希望的方向慢慢地引导讨论。在说话时仔细地使用措辞，这样你就可以帮助小组成员找到他们自己的答案。	表现出你很重视家长所做的每个贡献，即使它看起来或许很小或不合适。小组成员对自己能够做出贡献要有信心。
给每个家长回答或参与的机会。记住，那些沉默安静的人与那些坦率直言的人可以提供同样多的帮助。设法鼓励每个人参与。	在教学会议结尾时，要为小组成员留出时间就你所谈的内容向你提问。
在结束这个教学会议之前，和小组一起重温你需要他们记住的重点。	确保小组成员能够容易地理解小组活动期间使用的任何资料或手册。如果它们是书面的资料，小组成员能读懂吗？

三、家庭互助小组活动案例

在后边的几页里，我们准备要介绍两种不同类型的小组活动，它们被认为是能有效地帮助沟通困难的孩子及他们的家长的。我们的目的是让你感受举行小组活动的方法——你需要根据自己的情况来调整这个方法，并加上你自己的想法。

1. 每周举行一次、每 3 个月进行一次回顾总结的家庭互助小组活动

这是一个连续 6 周，一周举行一天的小组活动，跟进是每 3 个月一天的回顾。

基本情况：为各类有沟通困难孩子举行。

- 最多可以有 10 个孩子参加。
- 在参加小组之前，每个孩子必须有一份完整的评估表和目标计划。
- 每周的时间表都要保持相同——

上午　8：00～8：30——家长和孩子到达

　　　8：30～10：00——个人回顾

　　　10：00～10：30——茶点

　　　10：30～12：30——家长教学会议

下午　12：30～1：30——午餐

　　　1：30～3：30——继续个人回顾

　　　3：30——家长和孩子离开

　　　3：30～5：30——工作人员写孩子记录，并进行教学评估

家长参与的教学会议，每周都包括一个沟通方面的不同困难。

表10-3　家庭互助小组活动安排

第一周

略述小组活动目标和6周的计划。开场歌曲。

一个曾经参加小组活动的家长和第一次来的家长分享经验。

详细解释造成孩子沟通问题的原因。

参考第1章第3节关于孩子沟通困难原因的内容。

第二周

详细地解释并讨论沟通所需要的所有能力。

参考"沟通房子"示意图。

第三周

制作低成本的玩具，讨论游戏的重要性。

参考第7章第3节有关玩具的讨论。

第四周

在日常生活情景中教语言，实践洗澡和穿衣服。

参考第8章"日常生活情景中的沟通能力与语言能力培养"。

续上表

第五周

和一个孩子说话时"能做的和不能做的"。

参考第8章第1节"日常生活中学习沟通的重要原则"（把身体处于和孩子同一水平位置；和孩子说话之前，先引起他的注意；使用简单的和清晰的语言；在日常活动中和孩子说话；在孩子尝试时要表扬他，而不是批评他；在尝试与你沟通时，你对他做出回应）。

第六周

重温前5周的学习，并进行测验。

和家长重温个别的目标计划。

由过去参加过小组活动的一个家长分享经验。

家长评价本次小组活动。

通知每个孩子在3个月期间回顾的日期。

2. 每3个月举行一次，每次3天的小组活动

● 这是一个连续3天举行的小组活动，例如星期三、星期四和星期五，每3个月一次；

● 为有相同残疾类型的孩子举行；

● 最多可以有15个孩子参加；

● 在参加小组活动之前，每个孩子必须有一份完整的评估表和目标计划；

● 至少在小组活动开始前6周制定3天活动的时间表，要留出时间来做必要的准备。

以下是一个3天小组活动的一般流程计划：

表10-4　3天期家庭互助小组流程安排

星期三	星期四	星期五
介绍和欢迎	实践日常生活情景	实践日常生活情景
活动简介	制作玩具 个人回顾	个人回顾
茶点		
小组目标	个人回顾	教学会议
教学会议	来访演讲者	
午餐		

续上表

星期三	星期四	星期五
来访演讲者,例如特殊教育学校老师、学前班老师、家长和成年的残疾人	教学会议	家长评价 下次小组活动日期

3. 为脑瘫孩子举行的3天小组活动的流程

表10-5 3天期小组活动流程

星期三	星期四	星期五
介绍和欢迎。 活动简介——制作一个3天计划的海报,和家长一起来看。 简介每个教学部分的内容。	实践洗澡和穿衣服。 邀请家长制作低成本玩具,与每个家长和孩子单独谈话,让他们做个人回顾。	实践喂食,特别是与前一天教学会议相关的内容。 继续个人回顾。
茶点		
小组的目标——为你的目标写一张海报,并向小组成员解释。	继续个人回顾。	讨论并演示如何使用手势和图片作为一种可选择的沟通工具。
清楚地解释造成脑瘫的原因,回答家长的问题。	邀请一个有脑瘫的成年人向家长介绍自己的情况。	小组回顾每个孩子的目标计划——家长向小组回馈他们孩子的目标计划。
午餐		
邀请一个有脑瘫孩子的家长(你认识的),介绍他的孩子已有的进步。 鼓励家长们分享经验和办法。	讨论良好喂食技能的重要性,强调如何在喂食过程中建立孩子的沟通能力。	问家长认为本次活动流程中哪些部分是有帮助的,哪些部分是没有帮助的,在以后的小组活动中他们想看到什么内容。 通知家长下次小组活动的日期。

四、小组活动报告的撰写

在每次小组活动之后写一份报告是很重要的。报告应该包括你的费用清单及活动记录。以下是报告一般应该包括的内容。

- 小组活动的名称和日期；
- 活动地点；
- 费用；
- 住宿安排；
- 伙食安排；
- 出席的工作人员；
- 来访的工作人员；
- 孩子的总数；
- 小组活动目标；
- 流程计划安排；
- 参加孩子的登记；
- 家长的评价；
- 工作人员的评价；
- 出现的问题；
- 对下次小组活动的建议；
- 报告的日期及签名。

五、关于家长参与小组活动时需要记住的要点

- 让家长和孩子参加小组活动是帮助残疾孩子的一种有效方法；
- 我们需要和家长合作，并鼓励他们积极地帮助他们的孩子，因为他们是孩子最重要的人；
- 举行小组活动需要思考和组织；
- 让家长参与小组活动有许多好处，个人的工作和经验可以被汇总和共享；
- 通常，家长自己是给其他家长提供支持的最适合的人，小组活动能为此提供理想的机会；
- 为家长组织小组活动有不同的方法；
- 可以为不同类型残疾孩子或相同类型残疾孩子举行小组活动；

- 为了计划将来的小组活动，我们需要做好每次活动的记录、后续的计划和孩子的跟进——应该使用家长的评价来帮助计划将来的小组活动；
- 我们必须设法理解残疾孩子家庭可能面对的困难，对那些在帮助他们的孩子上感到很吃力的家长，不要给予批评或失去耐心；
- 使用当地资源帮助你为家长举行小组活动。

第2节 脑瘫儿童与基础教育

我的孩子脑瘫，他可以上幼儿园或小学吗？

这是一个好问题。设法为孩子安排幼儿园或小学是我们帮助残疾孩子过程中的一个自然的阶段。理论上，每个残疾孩子都能在教育方面有一定程度的获益。问题仅在于如何让你的孩子从教育中获得最大的益处。正因为这样，你需要与教育工作者紧密合作。

那么，与教育工作者——幼儿园或小学老师合作的目的是什么？应该怎样与他们合作？

说到目的，我们的主要目的是提高对残疾孩子综合需要的意识；分享我们工作的情况，以及在和残疾孩子工作时我们所扮演的角色；对教育工作者的工作和角色有一个更好的理解；一同合作，为孩子在幼儿园或学校里安排一个适合的位置，为他提供教育机会来配合他的需要；与老师合作，分享如何能最有效地在班上帮助残疾孩子的经验；为班上有残疾孩子的老师提供一些支持和实际的帮助。

而具体该如何合作，则取决于具体的情形。在本节中我们将分别从幼儿园和小学两个阶段对此问题予以讨论。

一、脑瘫儿童上幼儿园

1. 要了解幼儿园的情况

我国没有政府设立的专门接收残疾儿童的幼儿园。因此，残疾孩子上幼儿园时，他也像所有其他的孩子一样，参加班上每天的日常活动。此外，通常，幼儿园里没有额外的工作人员来帮助管理残疾孩子。

每个幼儿园在由谁管理、收费、所提供的设施、他们是否愿意接收残疾

孩子和/或他们的能力都是各不相同的。一些幼儿园有受过训练的老师，而一些却没有。因此，要设法与你所在地区的幼儿园建立良好的关系，并了解他们是否愿意和/或有能力接收残疾孩子，这一点很重要。

2. 明确送孩子上幼儿园的目的

为孩子提供一个学习新技能（包括社交技能、日常生活技能、阅读技能、预备书写技能）的机会。

为随时能上小学而做好准备。

康复工作者和老师都理解彼此在帮助残疾孩子这一任务上的重要性。尝试想一些方法来使幼儿园和学校的老师也加入到你的工作中，这样你们就能彼此协助了。

3. 哪些孩子适合上幼儿园

不是每个残疾孩子都适合上幼儿园的，虽然大多数孩子都可以受益于上幼儿园。在送残疾孩子上小学之前，他们中的大多数确实很需要有上过幼儿园的经验。因此，对于以后可能要上小学的孩子，先上幼儿园是一个重要的预备。

在我们考虑哪些残疾孩子适合上小学时，最重要的是考虑他们的需要和他们能做什么，而不是他们的年龄。也就是说，我们可能会看到一个7岁的孩子上幼儿园。根据他的年龄，他应该可以上小学了，但是根据他的发育情况，他还需要先上幼儿园。

小强可以自己做每一件事，但他说话不怎么好。我可以送他去幼儿园吗？可以。上幼儿园能真正地帮助到小强——甚至可能改善他的说话。送他去吧！

我不打算送小兵去幼儿园。我要等他到了上小学的年龄，再送他去读书。
请记住——上幼儿园是为孩子上小学做准备。能给孩子信心，帮助孩子在以后上小学时更容易适应。

我的孙女不能自己做任何事。她不会说话，也不能明白别人的话。我还应该送她上幼儿园吗？
如果你的孙女需要很多特别的关心和帮助，那她在幼儿园里可能会非常的困难，老师也可能无法照顾到她。如果是这种情况，那么在当地康复师的协助之下，你在家里帮助孩子会比较好。

小青现在7岁，正准备上幼儿园。但他是不是太大了？

不大——小青还是可以上幼儿园的。他的发育水平比他的年龄重要。继续往下读，看看孩子在上幼儿园之前需要具备什么能力。

在考虑让一个孩子上幼儿园之前，他必须能够：
- 自己吃饭；
- 自己上厕所；
- 只需少量的协助，可以自己穿脱衣服；
- 自己洗澡；
- 在一段合理的时间内，能够坐下并集中精力于一项活动；
- 和其他孩子可以很好地游戏并互动；
- 用一些方法表达他的需要；
- 理解简单的指令。

在我们考虑送一个孩子上幼儿园之前，我们要帮助他做所有的这些事情，这是很重要的。如果他自己做不了这些事情，或许老师也不能给他所需的额外帮助，这样，孩子周围的每一个人都会感到难过——孩子、家长、老师等。所以，记住——在送孩子上幼儿园之前，要让他完全地准备好——要教会孩子自理的技能，要培养孩子集中注意力、学会游戏和沟通。

4. 发展幼儿园技能

什么是幼儿园技能？幼儿园技能包括注意力、观察能力、记忆力、配对和分类能力、使用铅笔和手眼协调能力。

我们为什么要了解这些技能？因为只有这样我们才能预备孩子上幼儿园，并评估他们是否已经准备好上幼儿园。

谁可以教孩子这些技能？可以由家长、康复工作者、老师和任何有兴趣帮助孩子的人来教。

如何帮助孩子发展幼儿园技能？通过让他们做某些活动——那些能专门帮助他们发展各种幼儿园技能的活动。

5. 通过活动发展幼儿园技能

很多活动都可以帮助幼儿发展注意力、观察能力、记忆力、配对和分类能力、使用铅笔和手眼协调能力等幼儿园技能。可以找一个安静的地方，和孩子坐下来一起尝试这些活动。前面第 5 章谈到过很多可以培养孩子沟通能力的活动，这里再补充一些适合幼儿的活动。

- 帮助发展注意力的活动

图 10-2　发展注意力的活动

- 帮助发展观察能力的活动

仔细观察下面的图片，看看漏掉了什么，画出漏掉的部分。

图 10-3　发展观察力的活动

- 帮助发展描述能力的活动

仔细看这张图片，谈论它，注意里面所有不同的事物。

图 10-4　发展描述能力的活动

- 帮助发展记忆能力的活动

图 10-5　发展记忆力的活动

- 帮助发展配对能力的活动

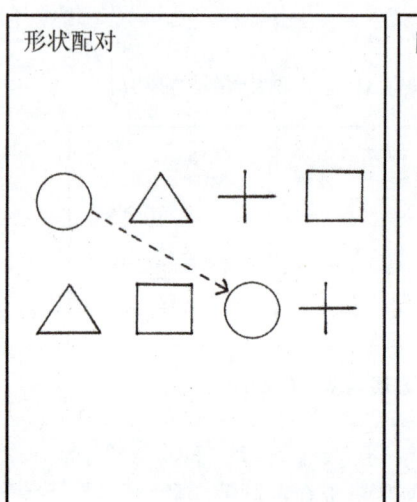 

图 10-6　发展配对能力的活动

第 10 章 家庭互助与学校教育

● 帮助发展分类能力的活动

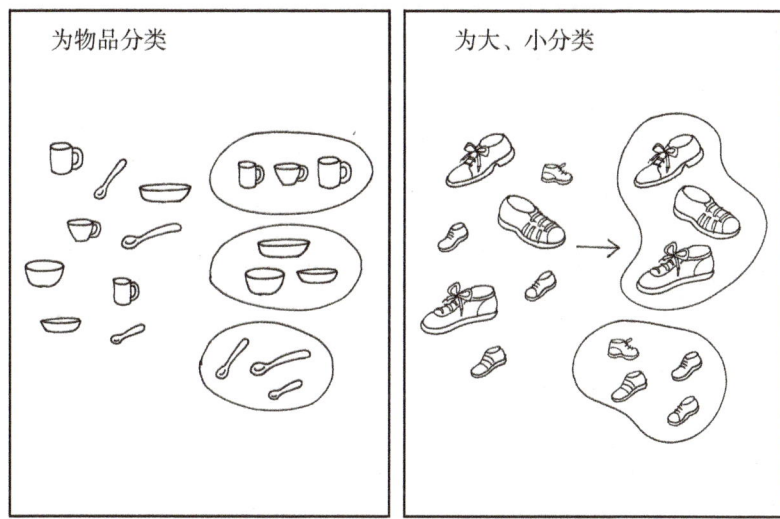

图 10-7　发展分类能力的活动

● 帮助发展用铅笔技能的活动

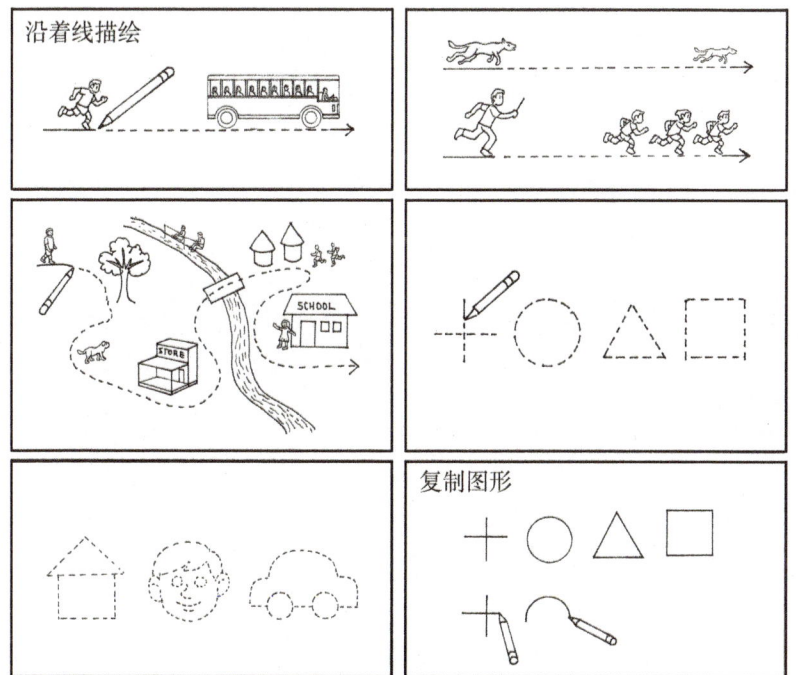

图 10-8　发展动作能力的活动

- 帮助发展手眼协调能力的活动

图 10-9　发展手眼协调能力的活动

6. 给幼儿园老师的建议

幼儿园老师应该如何关照残疾儿童呢？下面是一些建议。

第10章 家庭互助与学校教育

表 10-6 给幼儿园的建议

可以做的	不可以做的
要创造一个安静的气氛,在孩子的学习小组里没有分心的事物,老师可以走动,轻声地对每个小组说话。 让残疾孩子坐在你桌子的附近,这样你可以看到他的进展情况。	在一个大的团体里,要尽量避免让所有孩子进行一个相同的活动,学生通过大声喧闹来引起老师的注意,老师只有大声喊叫学生才可以听到。
如果可能,给残疾孩子安排一名助手,这样他不会太落后。	尽量避免自己一个人应付一大帮孩子,并且其中有需要特别帮助的残疾孩子。
听着!	所有人围成一个圈…我再说一次,所有人围坐成一个圈!

续上表

可以做的	不可以做的
慢慢地、清楚地说，设法使你的指令简单而直接，在必要的时候使用手势。 	避免给太长和复杂的指令，也不要说得太快。 
耐心一点！给残疾孩子时间来反应和完成困难的活动。 	在孩子不能很快地反应或完成一个活动时，不要催促他或失去耐性。 
残疾孩子在做一件有困难的活动时，可以给他指导。帮助他尝试着自己做。 	不要替孩子做。 

续上表

可以做的	不可以做的
尽可能地像对待其他孩子那样对待残疾孩子。"你们太淘气了，必须全部留下来做卫生！" 	你不允许其他孩子有的行为，也不要让残疾孩子例外。不要过分特殊地对待他。"你们很淘气，除了小凡以外，其他人必须都留下来整理东西！" 
设法与残疾孩子的家长联系，了解更多有关孩子的情况，持续告知他们孩子的进展。教他们怎样在家里帮助孩子。"很高兴又见到你们！小凡最近很好。" 	在你帮助一个残疾孩子时，不要忽略了家长。他们是最重要的人。"我没有时间操心那些家长。" 

7. 要给幼儿园老师专门写一份报告，说明残疾幼儿的情况

一个幼儿园老师要求我给他写一份关于小康的报告。小康是脑瘫儿童，他的妈妈和我想让他上幼儿园。我应该在报告里写些什么才会对幼儿园老师有用？你可以给我一些建议吗？

可以。以下是一份你需要在报告中包括的内容标题。基本上，幼儿园老师需要知道小康能做什么，他的困难是什么。我希望下面的报告大纲可以对你撰写报告有所帮助。

表10-7 给幼儿园的报告提纲

给幼儿园的报告（提纲）
孩子姓名：　　　　　　　出生日期： 住址：　　　　　　　　　年龄： 残疾说明： 能力摘要： 　● 听力和视力—— 　● 运动技能—— 　● 自理技能——吃饭、脱衣服、穿衣服、洗澡、上厕所。 　● 社交技能——和其他孩子互动和成人互动。 　● 行为技能—— 　● 沟通技能——注意力和听力、理解能力、表达能力。 　● 其他困难： 　● 总结/建议： 　　　　　　　　签名：　　　　　　　报告日期：

二、脑瘫儿童上小学

1. 要了解哪些学校可以接受残疾儿童上学

了解特殊教育学校的情况，按规定程序办理入学。

2. 发展学校技能

什么是学校技能？一旦一个孩子已经发展了幼儿园技能，他就可以准备学习一些比较难的技能。它们是在学校的最初几年里所教授的技能。因此，我们称它们为学校技能。

我们为什么要了解这些技能？因为只有在了解了这些技能之后，我们才能帮助在这方面发展有困难的孩子。

谁可以教孩子这些技能？任何有兴趣帮助孩子的人都可以——家长、康复工作者、老师等。

如何帮助孩子发展学校技能？有一些活动可以专门用来帮助孩子发展这

些技能。

和孩子在一个安静的地方坐下来,让他可以集中精力尝试这些活动。在开始进行学校活动之前,我们必须要确定孩子是否已经掌握了所有的幼儿园技能和活动。

3. 培养儿童学校技能的活动

- 帮助发展观察能力的活动

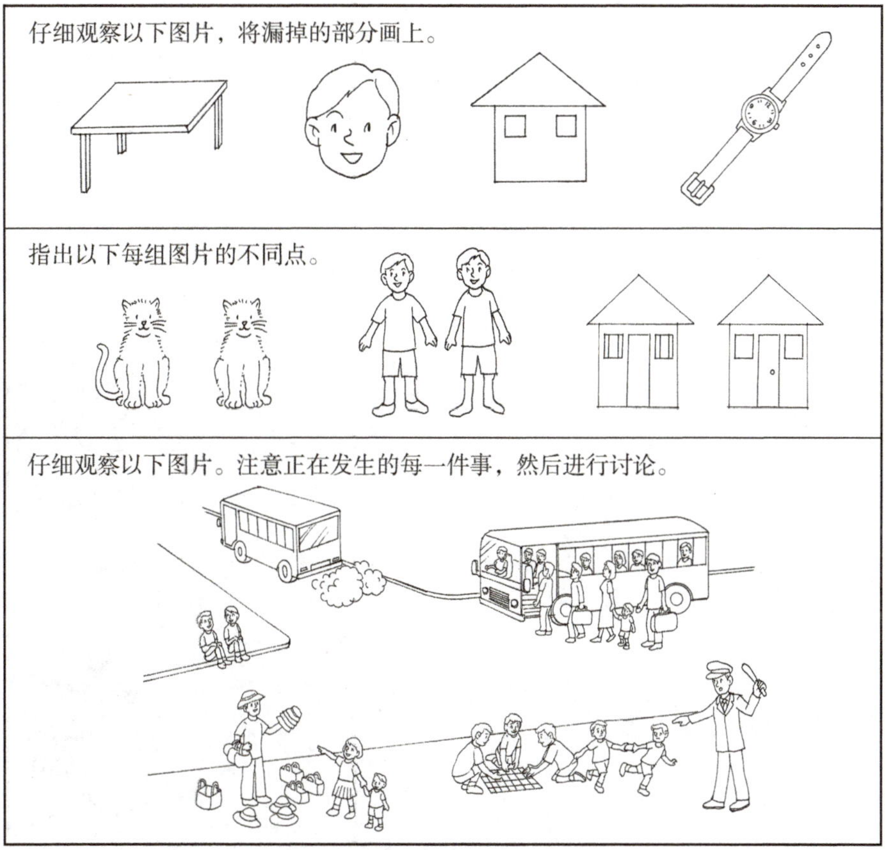

仔细观察以下图片,将漏掉的部分画上。

指出以下每组图片的不同点。

仔细观察以下图片。注意正在发生的每一件事,然后进行讨论。

图 10-11　发展观察力的活动

脑瘫儿童沟通能力康复训练手册

● 帮助发展记忆力的活动

图 10-12　发展记忆力的活动

第 10 章 家庭互助与学校教育

● 帮助发展配对能力的活动

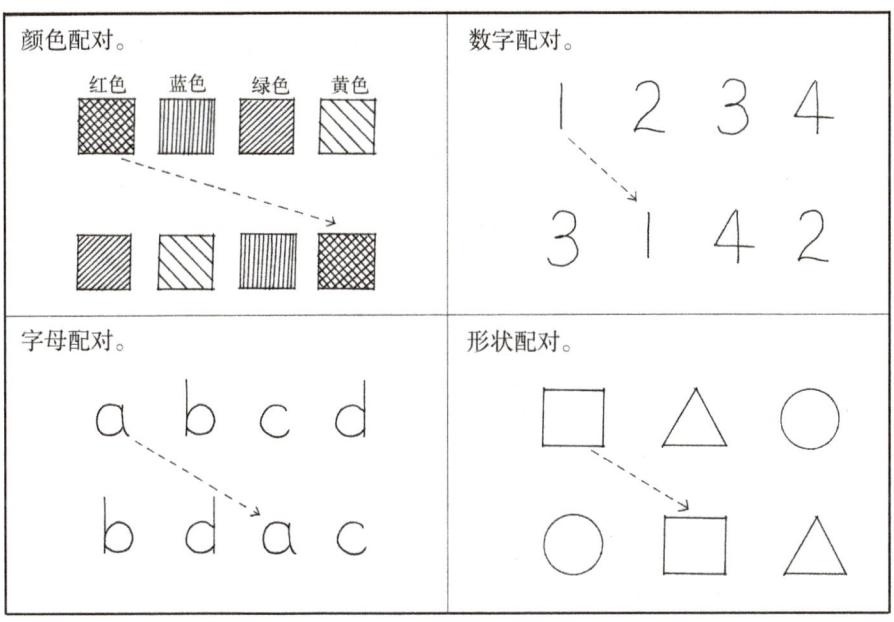

图 10-13 发展配对能力的活动

● 帮助发展分类能力的活动

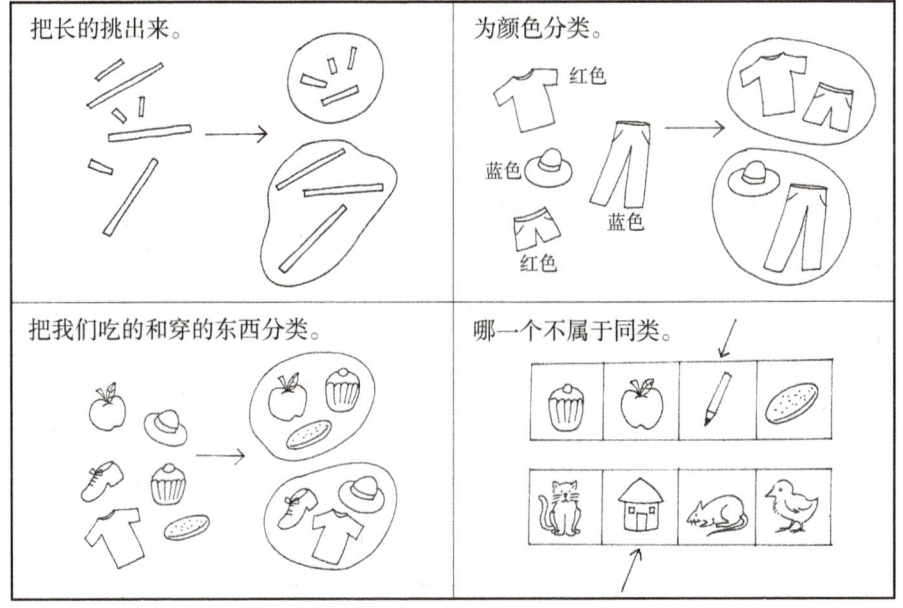

图 10-14 发展分类能力的活动

- 帮助发展排序能力的活动

图 10-15 发展排序能力的活动

- 帮助发展计算能力的活动

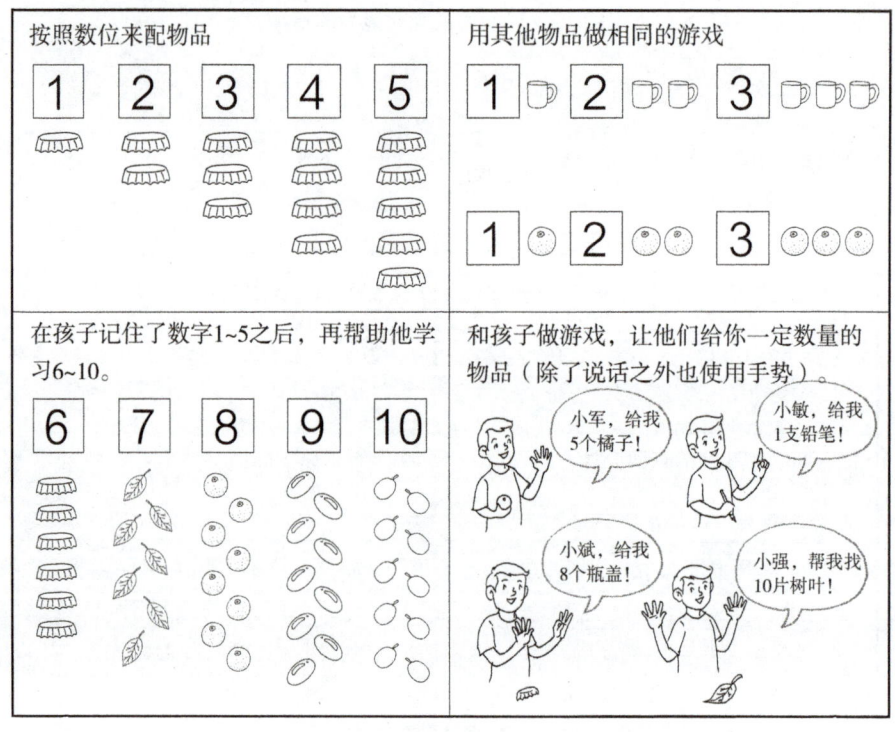

图 10-16 发展计算能力的活动

第 10 章 家庭互助与学校教育

● 帮助发展阅读和书写能力的活动

用点画出字母的形状，让孩子来沿点描绘。 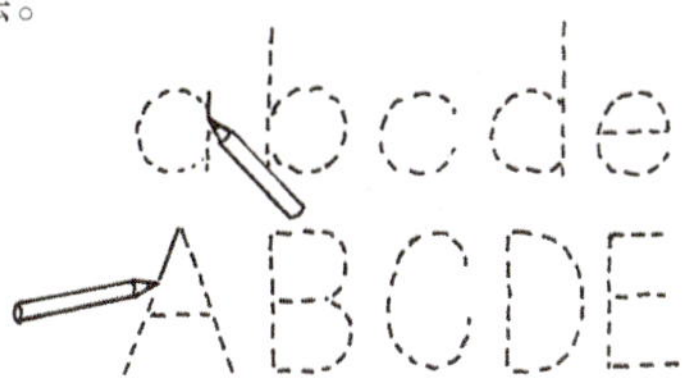	用点画出数字的形状，让孩子来沿点描绘。 
用点画出孩子名字的形状，让孩子来沿点描绘。 	写下名字或单词让孩子来照着写。 
做一些字母的形状，让孩子可以玩，填颜色、沿线描绘、剪下来、配上图片。 	从单词中找出指定的字母。 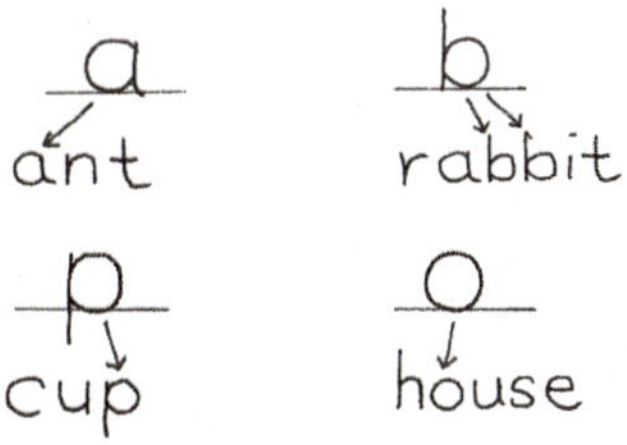
在家里的物品上贴标签。 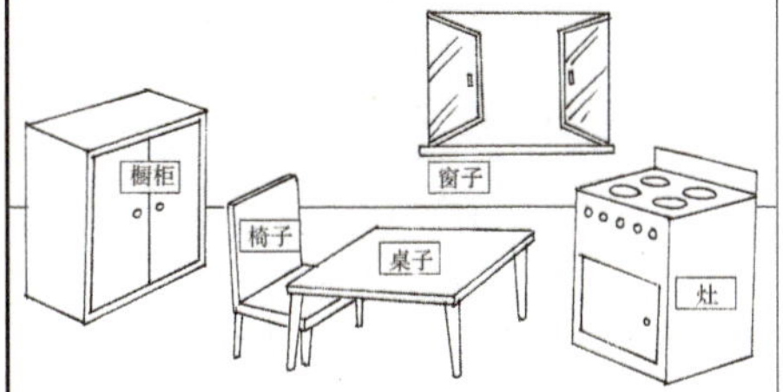	单词与图片配对。 

图 10-17 发展阅读和书写能力的活动

太好了。我现在就去试试这些活动。

等一下。还记得我以前说过,我们在帮助孩子学习新技能之前,还需要考虑几件事。我们不能简单地让他坐下,给他一个活动,然后让他一个人在那儿玩。

喔,对不起,是的,我现在想起来了:
- 我们需要确定我们自己有良好的沟通能力;
- 我们需要制造一个安静的环境来帮助孩子集中精力学习;
- 我们需要尽量确保残疾孩子在班上感到自在,并且被其他同学所接纳;
- 如果我们能对孩子的需求敏感些,就能使他更乐于学习。

4. 给学校老师的建议

学校老师应该如何关照残疾儿童呢?下面是一些建议。

表10-8 给学校的建议

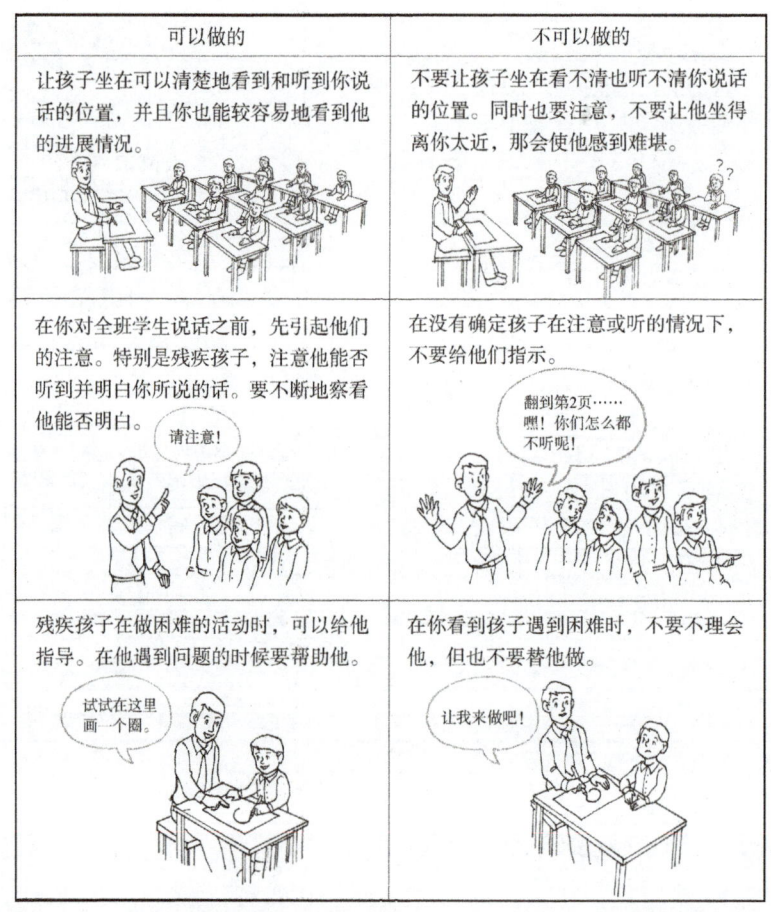

可以做的	不可以做的
让孩子坐在可以清楚地看到和听到你说话的位置,并且你也能较容易地看到他的进展情况。	不要让孩子坐在看不清也听不清你说话的位置。同时也要注意,不要让他坐得离你太近,那会使他感到难堪。
在你对全班学生说话之前,先引起他们的注意。特别是残疾孩子,注意他能否听到并明白你所说的话。要不断地察看他能否明白。	在没有确定孩子在注意或听的情况下,不要给他们指示。
残疾孩子在做困难的活动时,可以给他指导。在他遇到问题的时候要帮助他。	在你看到孩子遇到困难时,不要不理会他,但也不要替他做。

续上表

可以做的	不可以做的
孩子花很长时间做事或说话时，要对他有耐性。 （慢慢来，不着急。）	在孩子不能很快地做出反应或完成活动时，不要催促他或失去耐心。 （快点，你到底想说什么？！）
让残疾孩子尽量多地参与班上的活动。找一些他能做的特别的活动。 （明天是校运会。我们让小明和小刚递饮料，小强和小敏举班旗！）	不要仅仅因为孩子有残疾就把他排除在活动之外。 （明天是校运会。小强，你就不用来了。）
使用残疾孩子可以回答的方式来提问。 （用手把中国的首都指出来。 对了，小明，非常好！ 上海 广州 北京）	不要使用让残疾孩子无法回答的方式来提问，虽然他知道那个答案。 （中国的首都在哪里？ 我知道！但我说不出来。）
用同样的标准来要求全班同学的行为。 （你们太调皮了，所以课间休息时间必须全部留在教室里。）	不要特别地宽待残疾孩子。如果他有错误的行为，就应该像惩罚其他的孩子一样惩罚他。 （你们太调皮了，除了小明以外，在课间休息时间所有人必须留在教室里。）

续上表

可以做的	不可以做的
尽可能地，像对待其他孩子那样对待残疾孩子。 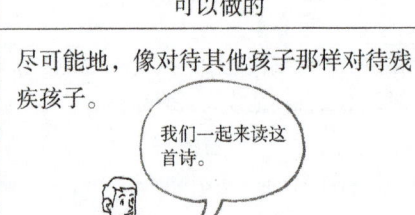 "我们一起来读这首诗。"	不要特别强调孩子的残疾情况。  "每个同学必须造一个句子。哦，小明就不用了，因为他说话不清楚。"
尝试联络孩子的父母以寻求你所需要的建议，并且持续告知他们孩子的进展情况。  "和你们谈话太有帮助了。希望你们能再来。"	在尝试帮助参加活动的孩子时，不要忽视了他们的父母。他们能提供很大的帮助。  "小明需要特别的帮助，但是我应该去找谁呢？" "他从来没问过我们！"
与当地的教育部门保持良好的关系。持续通报他们孩子的近况，在有需要的时候寻求他们的帮助和建议。  "你好！我想和你谈谈关于我的一些学生的情况。" "好的！"	不要与那些可以帮助孩子的人互不来往。与当地的教育部门保持联系，与他们共同努力帮助孩子。  "我没有时间去教育局。" "真希望老师们能多过来谈谈。"

对于有脑瘫的孩子，老师应该：
- 确保老师讲课时孩子在听；
- 使用简单、清晰的语言及熟悉的词汇；
- 经常清晰地重复指令；
- 经常让孩子重复活动；
- 在孩子做出尝试时表扬他；
- 在残疾孩子表现没有其他孩子好时，不要批评他们。

三、小培上学的故事

小培今年5岁了，是个脑瘫儿童。他从去年起在当地的一所幼儿园读书。现在他的妈妈要谈谈他们的经历。

自从去了康复中心之后，我看到小培有了进步，慢慢地学会了新技能。在康复中心的工作人员感到他取得了足够的进步之后，他们认为上幼儿园，和其他的小朋友交往应该能够更好地帮助小培学习。所以，他们写了一封介绍信，让我带到幼儿园去，在信里他们说明了小培的情况及他能够做什么，并为他申请入学。在我得知幼儿园愿意接收小培时我高兴极了。在上了一年幼儿园，再加上我用从康复中心学到的那些方法帮助之后，他现在能自己吃饭，试着自己穿衣服，自己上厕所了。他不会说太多的话，但用手势能更容易地沟通。我相信小培还能学习更多的技能，而且我也愿意不断地寻求一些办法来帮助他。我现在还定期去康复中心，向康复师学习，也让他们知道小培的近况。我能来往于幼儿园和康复中心之间进行交流，像这样，我们大家就能一起来帮助小培。

小培去幼儿园读书之后，还有了另外的一些变化。首先，那些以前害怕小培的邻居们开始和他一起去学校，想要看看他的情况。他们简直不敢相信他在学校里的表现那么好。他们还告诉我一些他们听说的残疾孩子的故事，并请我去看望他们的家人，给他们建议。我总是很乐意地去看他们，因为我自己的经历让我更能理解残疾孩子的父母。其次，在过去的一年里，小培学校的老师的态度也有了改变。最初的时候，很多老师都担心不知道应该怎样帮助小培，但是他们现在却很高兴，因为他们看到了小培取得的巨大进步，他们也更有信心去帮助他了。

和其他的孩子在一起相处真的对小培有很大帮助。他现在有很多朋友，

只要他一走进学校大门，那些小朋友就跑过来和他打招呼。现在，每天早上小朋友们冲出来和小培打招呼时，学校管花园的老伯就会冲着他们吼，"嗨！注意我的花！"我真是太高兴了。

四、关于残疾儿童上学问题的小结

与其他涉及帮助残疾儿童的人士建立良好的关系是非常重要的。只有通过合作才能取得进步。

即使一些残疾情况严重的孩子无法上幼儿园或小学，我们也应该确保那些能够从某种类型教育中受益的孩子们都有机会享受到可使用的教育资源。

我们可以通过以下方法做到：

- 了解可以获得哪些资源；
- 与教育界的同僚紧密配合；
- 通过与残疾孩子做合适的活动来为他将来上幼儿园或小学做好准备；
- 为我们所帮助的孩子写一份报告，总结他的能力并做合适的推荐；
- 支持孩子的老师，向他们提供关于如何在学校里帮助孩子的建议。

对于无法上幼儿园或小学的孩子，我们可以给他们的父母或其他家人一些在家里帮助他的建议。

结 语

一、脑瘫患者的心声

麦克说"我感到身体有残疾其实也是一种幸运"。

麦克是香港的一名律师。麦克是脑瘫,他使用轮椅四处活动,用打字机写字。别人不容易明白他说话,所以沟通是他最大的障碍。他的早期教育是在一所特殊学校获得的,但是8岁以后,他就在香港的普通学校上学。后来又在香港一所大学学习法律。

"我是在出生时患上脑瘫的,在那时,甚至在英国都很少有人对这种疾病有所了解。在特殊学校读书时,我身体发育的情况比较好,那使得我心存感激于我所拥有的能力。我不能老是去想身体残疾所带给我的巨大伤痛。我认为每个人都应该充分利用他/她所有的。没有一个人拥有绝对完美的身体或思想。如果每个人都在妒忌别人有而自己没有的能力,那恐怕世界就会比现在的样子糟糕很多。

事实上,我觉得作为残疾人是很幸运的。很多"正常"人的生活都很枯燥,他们每天起床后都能清楚地预料到当天要发生的事。而我们残疾人起床后,永远都不知道当天会有什么新的障碍需要去克服——我们能穿好衣服吗?我们能顺利地从一个地方到另外一个地方吗?在我们和别人说话时,他们能明白我们的意思吗?一个人只有通过面对挑战才能真正地理解生活。我觉得我们残疾人可以对生活有一些特别的理解,这使得我们感到幸运和幸福。即使不是我们所有的人都能得到一份好工作,或得到公众的认可。但通过每天在生活中克服所面对的挑战,我们还是可以完成一些伟大的事情的。

二、关于脑瘫需要记住的重点

● 脑瘫影响大脑中控制肌肉运动的部分,通常这意味着身体的所有肌肉都会受到影响,包括那些用于吃饭和说话的肌肉;

● 许多脑瘫孩子只有大脑的运动中枢受到损伤,所以他们的智力和理解能力不会受到影响;

● 除了运动中枢外,一些脑瘫孩子大脑的其他部分也受到损伤,他们的理解能力、听力或视力也会受到影响;

● 脑瘫不能治愈,但我们却有许多可以帮助孩子改善生活质量的方法;

● 脑瘫孩子可能需要使用其他的沟通方法来支持或代替口头语言——他

可以使用手语和图片语言，或联合使用这3种方法；

- 在为孩子选择一种沟通方法之前，我们需要非常仔细地考虑；
- 一些用于吃饭和用于说话的肌肉是相同的，所以通过改善孩子的吃饭模式，我们也可以帮助他发展语言——帮助孩子吃饭是我们工作的一个重要部分；
- 在我们帮助脑瘫孩子时，我们需要观察他各个方面的发展情况，包括运动、体位、吃饭、沟通以及他尽可能成为一个独立的有社交生活能力的人的努力。

编后记

《0～6岁残疾儿童沟通能力康复训练手册》5本终于编完了，这里补充一点有关内容。

1. 本书编写出版的缘起

1997年，正在世界卫生组织（World Health Organization，WHO）的康复中心（Rehabilitation Unit）叫其下属的世界聋人协会（World Federation for the Deaf）以及国际听力困难者协会（International Federation of the Hard of Hearing）组织人讨论如何帮助听力损伤人士沟通能力康复的问题时，津巴布韦的两位语言治疗师Jenny Morris和Helen House把她们编写的《让我们沟通》(Let's Communicate—A Handbook for People Working with Children with Communication Difficulties) 一书的手稿通过津巴布韦卫生部寄了过来。世界卫生组织安排专家（Ms M. Lundman, Ms J. Warner, Ms J. Marshall, Ms Liise Kauppine, Dr. Mark Ross 等）对书稿进行审阅，要求内容达到国际水准。然后，在瑞典国际发展合作组织的支持下，该书由世界卫生组织及联合国儿童基金会共同制作并派发各地。

2007年，在香港上海汇丰银行有限公司的赞助下，香港复康会把本书翻译成中文并制派送给有关机构，译者是刘雪飞和洪艳秋，前者是来自中国红十字会房山儿童康复中心的专家。书稿译出后，请王润芬和梁秀贞审阅，并请阿高、陈子慧、游伟仲把原书中的以津巴布韦人为对象的插图改画成如今书中的形象式样。

2013年春，我的同事、中山大学出版社副编审葛洪在香港见到了这套书，产生了把这套书介绍给内地读者的想法。我完全赞同这一善举，于是立即着手在原译作基础上开始编制体例与目录的工作。按照葛洪和我的设想，原来包含12本小册子的一套书被改编为5本分别针对5种残疾儿童的家长及专业康复师读物。

2014年2月，国家出版基金规划管理办公室正式批准该套书的立项（项目编号2014R2-012）。该项目由葛洪和我负责。葛洪负责处理该书的版权、合作问题，我则负责按原先的设想，在原稿的基础上编写出这一套包含5本的图书。

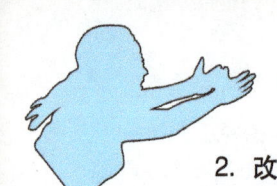

2. 改编的思路

原书《让我们沟通》是一套写给社区康复人员阅读的指导书,用以指导康复人员如何帮助残疾儿童及其家长做好残疾儿童沟通能力康复工作。

原书分12个分册。1～3分册分别阐述沟通基本原理、评估沟通能力的方法以及如何制定康复目标。第4～8分册详细解释5类常见残疾患者沟通困难的成因、该如何为残疾儿童制定康复目标,以及如何实现这些目标。第9～11分册讨论如何在游戏、日常生活以及由不同残疾儿童家庭组成的互助小组中帮助残疾儿童发展沟通能力。最后第12分册讨论残疾儿童上幼儿园和小学的问题。

原书的结构是合理的,遵循的是"理论—问题—解决方案"的逻辑序列。但是,原书的目标读者是社区康复人员,他们可以把这样一套书用作案头工具。这样的编排,对于单个残疾儿童的家长来说,使用起来并不方便。

所以,我们在改写这套书时,就分5个专题,改编成5本书。编写的逻辑是:

某种残疾的含义—这种残疾产生的原因—沟通基本原理—这种残疾在沟通中产生的困难何在—评估儿童的沟通困难—根据儿童的具体情况为他制定康复目标—帮助孩子康复的各种活动—游戏与玩具—日常生活情景中的康复工作—残疾儿童家庭互助小组活动设计—残疾儿童接受教育的问题。

我们相信,这样的编排能更好地帮助家长为自己的孩子做出康复方面的安排。当然,在编写的实际过程中,考虑到每本书讨论的具体残疾不同,孩子所需要的帮助也不一样,因此,5本书各自的编排体例并没有完全按照上述结构,5种书包含的章节和篇幅并不是完全相同的。

3. 本土化问题

本套书原本是由津巴布韦的专家写的,而且距今有14年了。因此,书中的内容如果要符合当今中国读者的需要,就存在一个"本土化"与"当代化"的过程。

在改编的过程中,我们注意到,香港复康会7年前的译本就已经把原书中的图画"本土化"了。现在我们需要更进一步本土化的地方也还有一些。比如说,书中针对"听力损伤儿童"沟通能力的康复活动,提到了"手语"学习。原书使用的是津巴布韦手语,这就有必要改为《中国手语》中提到的手语了。

其次,书中提到"言语特殊困难"时,重点讲到的一种困难是"声音排

序困难",是指孩子能够正确发声,却不能按照正确的次序把声音组合成单词。对于汉语这种单音节语言,是否存在这样的言语困难,我不是很清楚。而我国的"言语残疾"标准提到的言语残疾,本书却没有专门论述。这是本套丛书还需要进一步完善的地方。

不过,就目前而言,我们已经就力所能及的范围内对原书稿做了"当代化"和"本土化"的工作,不足之处,则有待进一步完善。

4. 让我们都多一些关爱

做这样一套书,其意义自不用说。

这里,我想再次真诚地呼吁:让全社会都对残疾人士给予更多的关爱。

熊锡源

2014 年 10 月 7 日

附录：香港复康会简介

香港复康会于1959年成立，是香港特别行政区政府认可之非政府注册慈善团体。本会会徽以火凤凰"浴火重生"为精神，展示残疾人士能从残疾中重建新生；也表达本会的精神：朝气蓬勃、有远见、有承担。

香港复康会具有55年的服务经验，为残疾人士、慢性病患者及长者提供各类适切及优质的服务，包括无障碍交通及旅游、复康和持续照顾服务。从自助迈向互助，共建关爱社群；并倡议健全人士能够接纳他们，缔造一个伤健共融、关怀平等的社会。

抱负：
锐意成为无障碍交通、持续照顾及全人复康的卓越机构

使命：
透过为残疾人士及长者提供复康服务，倡议共融社会

价值观：
"尊重人"——信任、尊严、尊重、平等参与及沟通
"专业精神"——同理心、优质服务、持续发展、勇于承担及力臻至善
"诚信"——自主、自强及参加公共政策
"共融"——尊重多元化、以权责为本

本会现时提供的服务分为四大范畴：

1. 无障碍交通及旅游部

为行动困难的残疾人士提供无障碍交通服务，协助他们往返工作、学习、培训、医疗或社交地点。

附录：香港复康会简介

2. 复康部

为长期病患者及其家属或照顾者，提供社会及心理的支持服务。并且率先在香港推动自我管理计划，增强病人及其家属的自我管理能力，并为非政府组织提供专业培训。同时，亦协助成立病人自助组织，并提供专业支持服务。

3. 持续照顾部

营运三所护老机构，其中两所在香港，另一所位于深圳盐田区，是集合安老养老和康复医疗一体的香港赛马会深圳复康会颐康院，为愿意选择跨境养老的香港长者和追求优质安老生活的内地长者而设。

4. 国际及中国部

本会于1986年起被世界卫生组织委任为复康协作中心，我们的使命是培训内地的复康人才，推动社区为本复康。

我们的理念是专注本土能力建设、着重可持续发展、推动跨专业团队工作及朝向包融性社区发展。

过去二十多年，我们已培训超过30 000名复康工作人员，并已建立了一个拥有热诚康复工作者的网络，他们遍布中国内地23个省、5个民族自治区及4个直辖市，他们来自全国过千所医院、福利机构、康复中心及社区康复站。2008年汶川地震后，我们亦积极参与灾后复康工作，成立了复康资中心，透过跨专业的复康团队，持续为受伤灾民及当地残疾人士提供复康服务，并且引入社区复康服务模式。

与我们合作的单位有政府部门、残疾人联合会及非政府机构等，当中包括中华人民共和国民政部、中华人民共和国卫生部、中国残疾人联合会及各省市的残疾人联合会、武汉同济医院、中国康复医学会、安徽医科大学及第一附属医院、四川大学华西医院及各地省市的儿童福利院。

香港复康会联系方法
电话：（852）3143 2800
传真：（852）2855 1947
地址：香港九龙蓝田复康径7号综合中心一楼
电邮：hksr@rehabsociety.org.hk
网址：www.rehabsociety.org.hk